达摩篮球秘笈

NBA顶尖高手绝招探秘

肯 特 著／郑旭宏 绘

人民体育出版社

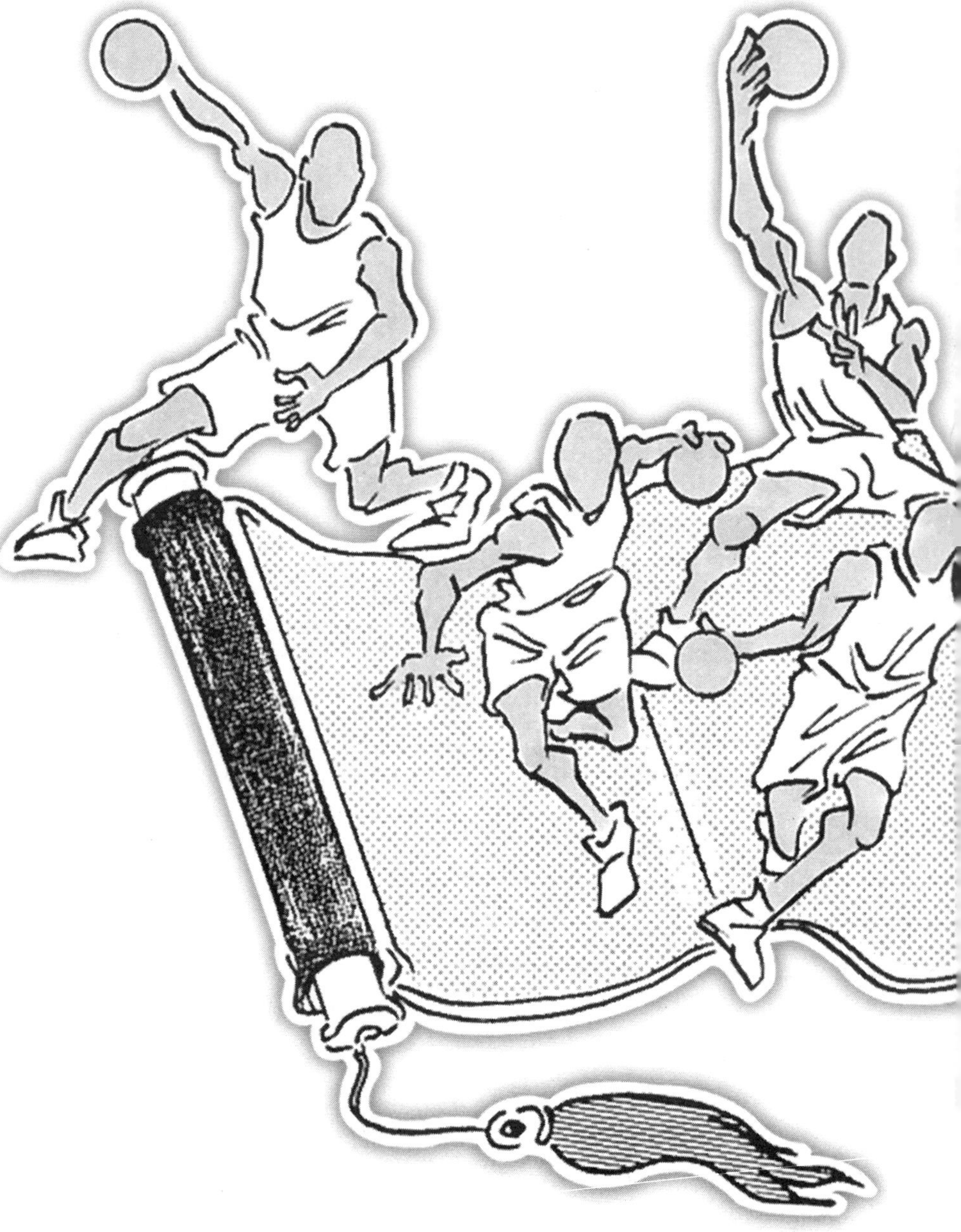

前言

"在对方阵营来去自如、予取予求，有如蝴蝶穿梭于花丛间，悠游地采食花粉"。这种境界，是每个爱好篮球者的梦想。

在NBA中，有此能耐者为数不少，本秘笈从中挑选出14位当代最顶尖的人物，把他们之所以能在NBA中呼风唤雨所凭借的个人拿手绝招，示范图解下来。

当你午夜梦回，从高山的断崖掉下，在半崖中的树上，并幸运地拥有这本记载着篮球绝学的秘笈时，先别高兴！这并不代表你从此就可破茧而出，化为一只任你邀游四方的蝴蝶。

同样一个招式，不一样的人使出，它的威力往往差别很大，这只花蝴蝶可能流于只会拈花惹草的花拳绣腿，但也可能化为一股锐利的剑气，剑过命除。其原因有二：

1. 是否有浑厚的内功底子？

各种武林秘技，都必须先有扎实的内功根基，才能达到十二成的威力。

这"内功"所指的是篮球的运球、投球等基本功夫。眩目的篮球绝技如果是一栋华丽的房子，基本的运球、投篮功夫就是维系这栋华屋于不坠的栋梁。如果你能把篮球视为你的随身武器，就跟"魔术师"约翰逊一样，带着球到处运，逛街运、上学途中也运，甚至蹲马桶时仍然"嘭嘭嘭"地在换手运球，那你心中就不会质疑："为什么科比·布莱恩特以18岁之龄，就能拥有如此深厚的运球内功，使出这么锐利的过人招式？"

2. 是否能够抓到过人招式的诀窍？

当你把本秘笈前页所记载的"达摩运球八式"、"达摩跳投二法"基本的篮球内功，练到闭着眼睛仍然球不离手时，再图文对照每招的使用关键处，你会惊喜地发现原来你也可以是乔丹的化身，招式一点就通，一学就会。

祝福你，乔丹二世。

CONTENTS 目录

达摩运球八式		6
达摩跳投二法		12
科比·布莱恩特	绰号：小飞侠	16
第1招 ▶ 擎天摇摆		18
第2招 ▶ 赤兔探月		22
第3招 ▶ 投石问路		26
第4招 ▶ 蝴蝶穿花		30
第5招 ▶ 弹趾神功		34
第6招 ▶ 一转两瞪眼		38
第7招 ▶ 飞碟在天		42
格兰特·希尔	绰号：酷哥	46
第8招 ▶ 立竿见影		48
第9招 ▶ 怒马后踢		52
第10招 ▶ 响蛇吐信		56
第11招 ▶ 醉步移身		60
第12招 ▶ 阴沟翻船		64
第13招 ▶ 前仆后继		68
第14招 ▶ 双龙抢珠		72
第15招 ▶ 瓮中捉鳖		76
艾弗森	绰号：闪电侠	80
第16招 ▶ 野牛摆尾		82
第17招 ▶ 偷天换日		86
加内特	绰号：大狼牙	90
第18招 ▶ 蜻蜓点水		92
邓肯	绰号：石佛	96
第19招 ▶ 正向勾魂		98
坎普	绰号：黑豹	100
第20招 ▶ 幻影旋风步		102
第21招 ▶ 飞砂大倒挂		106
第22招 ▶ 犀牛照角		110
第23招 ▶ 嫦娥奔月		114
第24招 ▶ A式轰炸		118

佩顿	绰号：买单人	122
第25招	五爪神功	124
第26招	夺命双刀	128
第27招	三步陷阱	132
第28招	佩氏大挪移	136
第29招	山羊开泰	140
杜马斯	绰号：扑克人	144
第30招	欲退故进	146
贾森·基德	绰号：危险小子	150
第31招	凌波微步	152
范·艾克塞尔	绰号：电脑猫头鹰	156
第32招	牵牛吃草	158
第33招	蝙蝠展翅	162
库科奇	绰号：粉红豹	168
第34招	旁敲侧击（左手式）	170
第35招	水银泻地	174
第36招	流风回雪（左手式）	178
穆托姆博	绰号：轰天雷	182
第37招	打蛇随棍上	184
米勒	绰号：阿帕契响马	190
第38招	回天画符	192
第39招	连发试探步	196
第40招	流风回雪（右手式）	200
第41招	米式投球法	204
第42招	米式三点金	208
第43招	黄莺出谷	212
拉里·伯德	绰号：终结者	216
第44招	大鸟式投篮	218
第45招	金蝉脱壳	222
第46招	大鸟转身	226
第47招	万鸟呈瑞	230
第48招	懒牛伸腰	234
第49招	韩信穿膝	238

达摩运球八式

第 ❶ 式 此法是一切过人招式的根基
左右运球法

练习方法 ▶▶ 运球摆幅由小而大，速度由慢渐快。

单手运球    双手运球

第 ❷ 式 熟练此法，你才可能掌握背后运球的精髓
前后运球法

练习方法 ▶▶ 运球摆幅由小而大，速度由慢渐快。

第 ❸ 式

此法是一切胯下运球招式的根基

8字绕球法

练习方法 ▶▶

A.持球（非运球）在双脚间以类似"8"字的轨迹绕。快速进行10次，换方向重复，眼睛不可看球。

B.依前动作练习，但在球绕到双脚间时，让球落地一次，捡起来继续进行。

第 ❹ 式

胯下运球法

练习方法 ▶▶

先不运球，持球如图1~图4，边走边让球在双脚间绕，直至身体熟练此动作后，以运球方式代替。
眼睛不可看球。

1

2

3

4

BASIC

达摩运球八式

第5式 变向运球法

熟练本运球法，本秘笈内附的很多招式将一点就通

1　2　3　4

5　6　7　8

练习方法

右手换到左手

图1~图2，运球向右，球从地弹起时，右手掌置于球的略右侧。

图3~图4，突然变向往左运球，以右脚弹起之力，左脚大步往左前方跨。

左手换到右手

图5~图8，方法如图1~图4，只是换手换脚已。

注：图1~图8是一连贯的练习动作，可在场上每8米设一障碍，依此变向动作绕过，而且球尽量运低，并靠近身体。

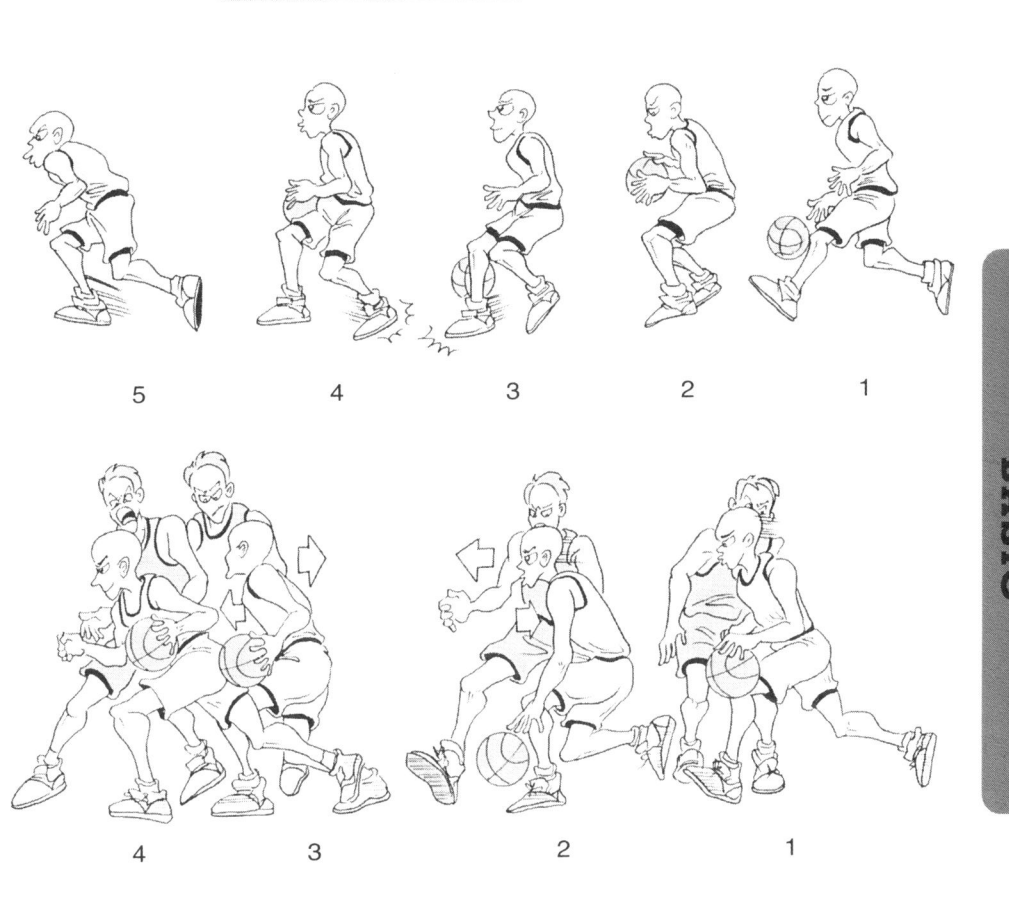

第 6 式
急停再走运球法

5　　　　4　　　　3　　　　2　　　　1

4　　　　3　　　　2　　　　1

练习方法　　**右手运球**　　图1~图3，右脚向前跨出，着地后急停向后。
　　　　　　　　　　　　　　图4~图5，左脚向后着地时，立刻前蹬跨右

　　　　　　　左手运球　　图1~图2，左脚向前跨出，着地后急停向后。
　　　　　　　　　　　　　　目地：诱使防守者跟着急停。
　　　　　　　　　　　　　　图3~图4，右脚向后着地时，立刻前蹬跨左脚。
　　　　　　　　　　　　　　要诀：利用防守者急停的瞬间，右脚跨出过人。

第7式 僵尸步运球法

1　　　　　　　2　　　　　　　3

4　　　　　　　5　　　　　　　6

练习方法

图1~图2，运球往右前方跳起，逼近防守者。

图3~图4，左脚先着地或双脚同时着地皆可，右脚往右边着地立即停住，肩部同时往右晃，手掌置于球右方，立刻换手运球到左手。

图5~图6，迅速跨步过人。

注：此乃切左步法，切右步法则以左手运球，向左前方跳，方法一样。

◎放眼全NBA，格兰特・希尔、皮蓬、斯托克顿、佩顿等，皆随时可见到他们利用本运球法，活用于比赛。

第 8 式 转身运球法

4　　　　3　　　　2　　　　1

练习方法

在球场放3个障碍物，距离各约4~5米。运球转身过障碍，再从另一侧以另一只手重复相同的练习。

使用要诀

要运用"转身运球法"漂亮过人，关键有三：
1. 图1离防守者一步半距离时，右脚向右前方跨出一步。
2. 图2左脚跟进半步，手臂已靠到防守者身体。球有"粘"在右手掌的感觉。
3. 图3以左脚为轴快速转身。

达摩跳投二法

熟练此二法，你才可能过得漂亮又投得准

第 1 式
球、脚同边跳投法

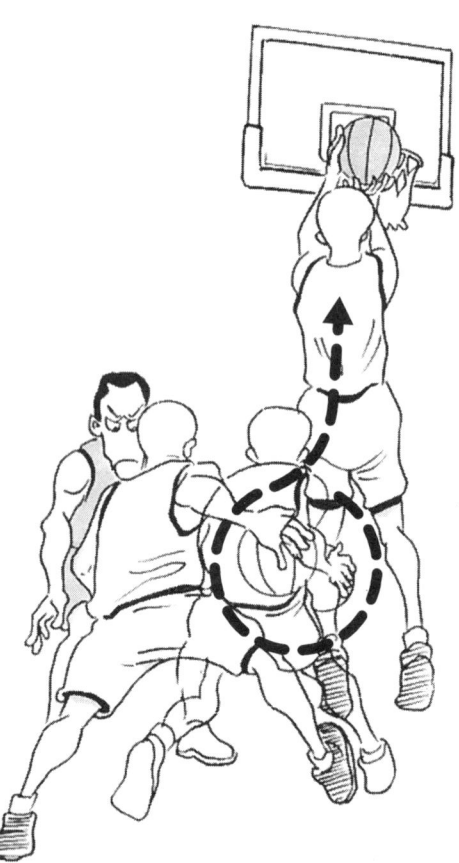

A.往右急停

练习方法

大步向右前方跨，假装向右切，右脚着地立刻急停，并把重心移到此脚，左脚靠到右脚旁，立刻跳起投篮。从右跨－急停－跳投，右手掌控球刚好划一小圆圈。

B: 往左急停

练习方法　　动作同上，只是换手换脚。

注：此法因为急停和跳投的中枢脚和运球的手在同一边，所以称"同边跳投法"。

第❷式
球、脚不同边跳投法

3 2 1

6 5 4

A: 往右急停　练习方法 ▶

图1~图3先往左前方运球，突然左脚急停，右脚往右前方踏出，并换到右手运球。

图4~图6左脚跟进着地时立刻急停，

B: 往左急停　　练习方法　动作同上，只是换手换脚。

注：此法因为急停和跳投的中枢脚和运球的手在不同一边，所以称"不同边跳投法"。

绰号 / 小飞侠

天生好手 科比·布莱恩特

Kobe Bryant

★ 位置：得分后卫
★ 身高：2.00米
★ NBA史上最年轻球员
★ 1997年NBA灌篮"末代皇帝"
★ NBA史上最年轻的明星先发球员(19岁)

很抱歉
我
不是乔丹接班人
我不是来接班的
我是来开创的
开创一个
科比·布莱恩特的新世纪

科比·布莱恩特的新世纪

他在刚满18岁又2个月，即被湖人队宠幸，进入这充满豺狼虎豹、弱肉强食的NBA大丛林，接受挑战。

在不少人抱着怀疑眼光，批评这是揠苗助长的同时，布莱恩特小孩玩大车的功力，却让人耳目一新。一群眼光独到、未卜先知的算命仙，立即争先恐后地说："他才是一代球王乔丹真正的'分身'！"

谁说小孩就玩不了大车？！
这年头，被人冠上"乔丹接班人"的头衔，那可是天大的荣幸，"便士"哈德威(Anfernee Hardaway)、格兰特·希尔(Grant Hill)、"闪电小野牛"艾弗森(Allen Iverson)都有人大力推荐过，但经过验明正身，哈德威能锋能卫，全身柔软似柳枝，招式使来却如一条尾劲十足的马鞭，鞭到留痕，人人怕三分，是不可多得的全能球员，得分能力直逼乔丹，但是个性却如一只温驯的小绵羊，缺少乔丹那股英气逼人的王者风范。

格兰特·希尔最被看好，是正选的接班人，形象清新，气质非凡，又是NBA"大三元"的第一高手。这种一场球赛，得分、篮板、助攻皆超过10次的能力，乔丹远不及他，但乔丹以其一夫当关、万夫莫敌的必胜斗志，带领球队，建立了多年的"公牛王朝"，希尔惟一缺少的，就是这开疆辟地的战绩，没有领土，是当不成国王的。

小野牛艾弗森之所以也名列接班人之一，原因在于他的高超得分能力，但乔丹之所以得"一代球王"封号，并不是只靠他蝉联近十年的得分王头衔就能换来的，乔丹也得过几次"NBA防守最佳五人"奖，艾弗森恐怕得先勤练防守功夫和领导统御能力，再来谈接班春秋大业了。

谈到"天生好手"布莱恩特，则令人兴奋，也令人期待，他的身手，的确有乔丹的影子。

乔丹那血脉贲张的飞天灌篮，他学得人模人样，乔丹的几招成名招式，如"神龙摆尾""飞龙在天""弹趾神功"等，他也使得虎虎生风，面对各山头的老江湖，他初生之犊不畏虎，照样如飞鱼之于水一般，穿梭自如。

缺点是在处理球时，对于何时该传、何时该投、何时该切、往哪里切等，都显得毛躁一点儿，节奏尚待加强，不像乔丹处理球来羽扇纶巾、气定神闲，知道如何赢球。

他，一定是NBA明星级球星，但是否能如乔丹般射出万丈光芒，咱们暂且保留，让时间来证明。不过有一点是可以完全确定，他一定比乔丹行，那就是，布莱恩特18岁就已驰聘NBA沙场，而同龄时的乔丹，当时还是一个看到漂亮女孩就面红耳赤的高中毕业生耶！

第 1 招 擎天摇摆

天生好手 / 科比·布莱恩特(Kobe Bryant)

本招使用关键：熟练书前页所附"变向运球法"

难易度：初学级 班队级 校队级 国手级 乔丹级

◆ 本招行进图 ◆

火炬在天！

这是什么东东？
没看过这么奇怪的起手式！

1

以左脚之力，抬右脚向右。标准的"晃右切左"招式。这时应要同时运球向右，但"小飞侠"却把球运起，拉到最高处的动作代替，并且眼睛盯着对方的脚步移动，作为何时该切和是否要临时变招的依据。

18　擎天摇摆

过人 DRIVE

打篮球，如果你立志要被人当成神一样地崇拜，学学乔丹，应该没有人反对；如果你立志当一位绅士，则师法格兰特·希尔(Grant Hill)；如果你立志当一位百折不挠的斗士，则嗅嗅恶汉巴克利流过的汗水味，大致可以体会得到其中的甘苦。

但是，如果你觉得当神太高不可攀，当绅士太别扭，当斗士又嫌太累，这些角色对于你来说，可能都太沉重了，"我只想当一个轻松自在、'秀'出自我、却仍然到处受重视的人"，没问题，踩着科比·布莱恩特的步伐走，就对啦！

招式夸张，全身充满动感，爱现、随性，这些是科比·布莱恩特急速在NBA蹿红的原因。

其中"招式夸张"，更是他个人最大的特色。就以本招"擎天摇摆"来讲，这是他最拿手、也最常在战场上使用的一招。招式的基本原理是篮球基本功中的"变向换手运球"而已，但同样一招再初级且平凡不过的招式，经他之手，却可以舞弄出华丽眩目的形影。明明就是一个人人都会耍的持球向右假切动作，他却偏偏要飙出与众不同的球风。只见他把球高高运起，眼睛往下观察对方的脚步，彷佛是胜利女神高举熊熊的火炬，带着睥睨的眼神，望向纽约海港一般。他已强烈地散发出一个信息，"You are mine！"你已是我的猎物！

酷！

但他动作夸张，并不完全只是耍酷而已，这也有其实际作用，详见以下图解便可习得其中精髓之处。

2

过来！

头不用摆得那么夸张，我知道你要切右了。

左肩、左臂和头部皆尽情地如跳迪斯科般往右一晃，但球却仍然高高的运在头上。

Kobe Bryant

擎天摇摆

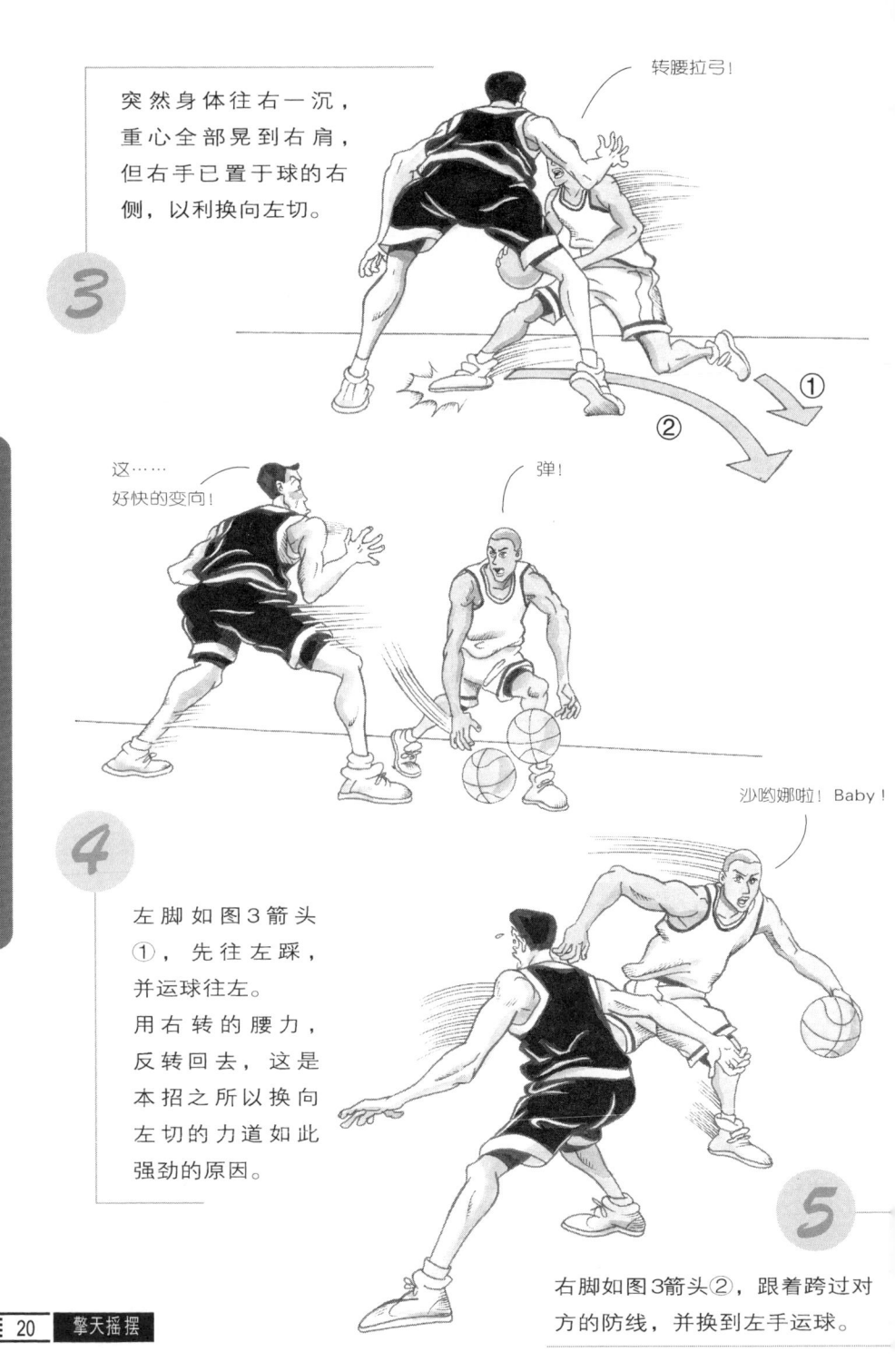

3 突然身体往右一沉,重心全部晃到右肩,但右手已置于球的右侧,以利换向左切。

转腰拉弓!

这……好快的变向!

弹!

沙哟娜啦!Baby!

4 左脚如图3箭头①,先往左踩,并运球往左。用右转的腰力,反转回去,这是本招之所以换向左切的力道如此强劲的原因。

5 右脚如图3箭头②,跟着跨过对方的防线,并换到左手运球。

过人 DRIVE

江湖上，什么时候冒出这么一号厉害人物？

6 过了第一关，立即收球抬头，观察如何修理补位者。

7 以身体作掩护，然后跳起狠狠地"秀"一下。

就是现在，人称"小飞侠"

KEY POINT

放眼全NBA，无人能把"晃右切左"的招式使得如布莱恩特的"擎天摇摆"那么眩目，加上他独树一格的拉球在上，俨然是一块鲜明的活招牌，因此本招又名："布氏摇摆"。

Kobe Bryant

擎天摇摆　21

第 ❷ 招

天生好手 / 科比·布莱恩特(Kobe Bryant)

赤兔探月

本招使用关键： 熟练书前页所附"转向运球法"

难易度： 初学级　班队级　校队级　国手级　乔丹级

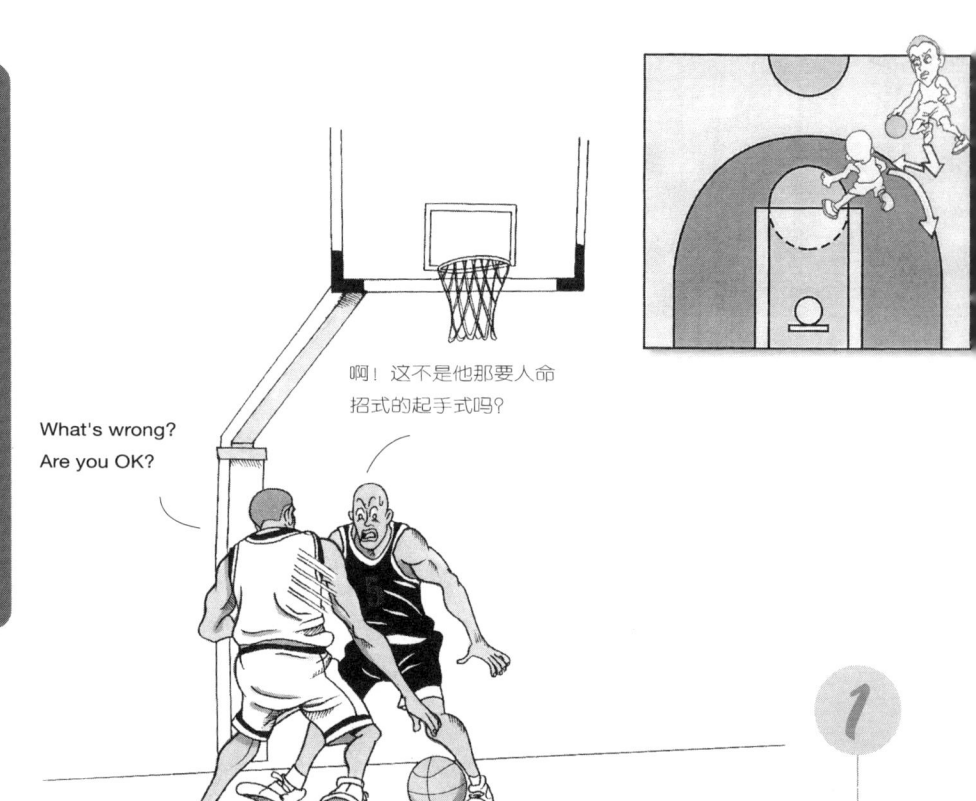

What's wrong?
Are you OK?

啊！这不是他那要人命招式的起手式吗？

1

重心在左脚，右脚抬起似往右，球运于右侧腰际上。这是科比最厉害的那招"擎天摇摆"晃右切左招式的起手式。
对手一见此，头皮发麻，冷汗直冒。

过人 DRIVE

野兔难抓，年轻气盛的布莱恩特更难抓。

1997~1998赛季，科比·布莱恩特在湖人队还很委屈地在当"第六人"的最高板凳，可是当他一上场，你可以马上感受到他犹如一只已关了一整天的狡兔，冲笼而出，活蹦乱跳，随地都有他的痕迹，随时他都可以插上一手，在他身上找不到什么叫气喘吁吁，什么叫疲劳。

你可以深深感受到，原来"活力、朝气"之于篮球，是占了那么大的便宜！

当80年代出头的那群掌门大老，如"飞人"乔丹、"恶汉"巴克利、"天王"奥拉朱旺、"大金刚"尤因、"飞翔人"德雷克斯勒等，在霸占了NBA长达15年之后，尚踩着老迈慵懒的步伐，力图从身上挤出最后一股真气，编织他们美丽的晚霞时，却突然冒出一群身上犹带淡淡乳臭的毛头小子，如科比·布莱恩特、"闪电侠"艾弗森、"大狼牙"加内特、马布里（Marbury）、"太空飞鼠"斯塔达迈尔（Damon Stoudamire）等。

他们的共同特色就是年轻、气盛、健步如飞。完全无视NBA是谁在当家，以秋风扫落叶的态势，无情地摇撼着这些长期占据树干但已渐枯黄的树叶。

历史给这股呛鼻的乳腥味一个名称，叫"年轻当道"（Youth Is Served）。

他们是来篡位的！

要对付科比的出招，犹如空手要抓一只野兔一样难。只见他东奔西窜，忽左却来右，你就没命似地跟着转。可是当你发现，因为年纪的无情侵蚀，你的步伐根本跟不上他的节奏，这时，你会彻底醒悟到，天国已近了！

甚至连一代球王乔丹在1998年的东西明星赛面临科比的放单挑战时，他心里想的竟然也是："我只希望能不让布莱恩特对我予取予求。"

天啊！在乔丹对NBA任何对手"予取予求"了十几年之后，竟然从他口中说出这句主客易位的话，未战心理防线已溃败，这都是年龄惹出来的祸。

谣传月亮上面那块黑影，是一只兔子，科比他却说：No!

原因是科比有一"赤兔探月"的招式，他可在短短一秒钟，做出三个假动作。当你还竖起全身汗毛、疲于奔命之际，他却已收球，急停跳起飞在半空出手，对手只能"欣赏"到他那身着黄色的衣影，彷佛一轮映着兔形的明月，高挂在遥远的天际。它，永远遥不可及！

本招是一左右佯切后，再急停转身并立刻急停跳投的招式，图解说明如下：

赤兔探月

2

往地运球之际,肩膀突然往左一倾,的确很像"擎天摇摆"。但球一运到手上时,却又往右前进。

科比要是只会一招"擎天摇摆",那还混什么NBA,回家种田算了。

No!一点都不OK。

3

勇敢一点,
一秒钟就让你换来"永生"。

不,我还这么年轻!

4

左脚跟进往右着地后,立即踩刹车,手置球的前侧,左手架起护球,准备转身。

Kobe Bryant

24　赤兔探月

过人 DRIVE

⑤
防守者被他这佯右切动作所诱，重心左移挡路，但"小飞侠"却已经以左脚为轴，换向转身。

你"好运"当头，由不得你！

糟，挡错地方了！

You are so lucky !
有幸欣赏到本人这招……

一转身过来，做出以右脚为中枢脚、重心蹲低、马上就投篮姿势。

⑥

⑦
并趁着对方还来不及回补，第一时间立即急停跳投。

赤兔探月！

Kobe Bryant

KEY POINT

必须一提的是，"小飞侠"这跳起张开双腿的投篮姿势，并非专家们眼中的标准姿势。但他为什么要如此？
原因有二：
1. 跳起出手时，可调整并保持身体重心。
2. 爱现嘛！变酷不需要讲理由。

赤兔探月 | 25

第 3 招 投石问路

天生好手 / 科比·布莱恩特(Kobe Bryant)

本招使用关键：熟练书前页所附"同边跳投法""变向运球法"

难易度：初学级 班队级 校队级 国手级 乔丹级

◆ 本招行进图 ◆

想右切？

注意，出招了！

1 右脚抬起，运球朝对手的左肩方向前跳，有点儿佯右切的味道。

低头？出手的征兆！

咦？！地上有一块石头！

2

26 投石问路

过人 DRIVE

一般在做假跳投的招式，不外乎持球假跳投，再运球切入。要不就是先运球后，停球再做假跳投动作。

反正篮球规则里规定，当你接球后，就只能有一次运球，一停球就不能再运，否则的话，抱歉，两次运球(Illegal dribble)！

但是，科比·布莱恩特却有一招切入招式，它的过程是：运球——假跳投——再运球。What ?!有这种事？那不是两次运球了吗？

重点在此！它又不会带球走，又可以把防守者的重心骗得浮起来，这就是本招要介绍的"投石问路"。

听起来很神奇，但说穿了，其实也不是什么big deal,它不需多高深的运球功夫，就是用一个篮球基本功——"换手运球"，只是在换手运球前加一点小菜，详看以下图解便知。

然后重心压低，左手做势要停球，突然头向上一抬，一副急停跳投的姿势。

果然没错。

右脚着地后，却踩住刹车，低头眼睛看着对方的脚跟处。

这低头就有点儿学问了，我们知道，不少人在准备停球做急停跳投时，身体泄露出的第一个征兆，便是"低头"。而"小飞侠"却故意露出这假信息。

Kobe Bryant

投石问路 27

不！你误会了。

但左手实际并没有接触球，仍然是右手单手在运球，所以当然也不算停球。这时迅速换手到左边。这动作可是科比最拿手的切入动作了。

4

防守者因被他的假跳投所骗，重心一时向上浮起，所以当"小飞侠"左切时，已占住有利的切入路径。

怎会有这种招式？

要当"天下第一高手"，总要有几招独门的。

5

过人 DRIVE

放屁！过得了我"拦路虎"这关再说。

左脚一跨入限制区时，一看前面的补位者已堵住去路，右侧那位败在"投石问路"的讨厌鬼，仍然死缠烂追不肯放弃。

6

7

他却凭着他"乔丹级"的弹跳能力高高跳起，并以"高点式"投球法出手得分。

哪来的小狗乱叫？

KEY POINT

所谓"高点式"投球法(Finger Roll)：矮个子在篮下碰到高个子跳投时，右手伸直，举球向上，以手掌控住球，完全以手腕和手指之力投篮，尽量提高自己的出手点。

在NBA里混江湖的短脚虎，几乎都全会此招，令人印象最深刻的如蒂姆·哈德威(Tim Hardaway)、"垃圾话王子"佩顿(Gary Payton)等，更已把本投球法视为在篮下对付高个子的必备保命武器。

Kobe Bryant

投石问路

第 4 招 蝴蝶穿花

天生好手 / 科比·布莱恩特(Kobe Bryant)

本招使用关键： 熟练书前页所附"胯下运球法""不同边跳投法"

难易度： 初学级　班队级　校队级　国手级　乔丹级

◆ 本招行进图 ◆

来！跟着我往左边走。

你算什么？叫我跟，我就跟啊？

1 出招前，右脚往左继续踏出的那步，离左脚尖不宜太远，10厘米即可。

不跟也行，但注意啦……

2 左手往地运球时，双脚同时往右张开跳起。

过人 DRIVE

"把球在双脚之间耍到来去自如,有如蝴蝶穿梭于花丛间,悠游地采食花粉一般"。在NBA中练到此种境界者,为数不少,其中几位最具代表人物,从往至今如托马斯(Isiah Thomas)、"黑泥鳅"蒂姆·哈德威(Tim Hardaway)、"闪电侠"艾弗森(Allen Iverson)等,都是高手。

因此,这招"蝴蝶穿花"胯下佯切的招式,当然也不是布莱恩特个人独有的绝招。但同样一个招式,不一样的人使出,它的威力却可能差别很大。这只花蝴蝶可能流于只会拈花惹草的花拳绣腿,但也可能化为一股锐利的剑气,剑过命除,原因何在?

1. 是否有浑厚的内功底子?

这"内功"所指的是你的"胯下运球"基本盘球功夫。如果你把篮球视为你的随身武器,就跟"魔术师"约翰逊一样,带着球,走到哪里运到哪里,逛街运、上学途中也运,甚至蹲马桶时仍然"嘭嘭嘭"地在换手运球,那你心中就不会不解地问:"为什么布莱恩特以18岁之龄,就能拥有如此深厚的运球内功,使出这么锐利的过人招式?"

2. 是否有抓到过人招式的诀窍?

本招布莱恩特所使的"蝴蝶穿花",实际上关键处在图1的运球向左和图4的转腰运球动作。

出招前先运球向左,有牵引对方重心的作用,它可使胯下佯切的动作更具致命的吸引力,再利用图4如拉弓射箭的转腰反弹力,在变向往左射出时,更显锐利。

蝴蝶穿花!

3

左脚先着地,右脚往右快速跨出,并同时胯下换到右手运球,佯右切。

Kobe Bryant

蝴蝶穿花 31

右手把球从地运起的同时，身体大幅度迅速拉弓右转，右手掌置球的右侧，右臂紧夹在身体腰部，眼睛盯着对方的形影飞过来。

说到这里，不知您是否发觉，图4这个姿势，跟他在"擎天摇摆"图3的动作似乎类似？

岂止类似，是完全相同！虽然与前面的欺敌动作完全不一样，但万变不离其宗，当招式使到要亮出杀人的实招时，却跑到这弯身转腰的姿势。

唐璜拉弓！

不妙！又摆出他这要人命的拉弓姿势了。

4

你算是行家，知道怎么死的。

#$%@*&%

5

再来也是一样的换手运球过人，也一样如刀切豆腐般，干脆利落。

过人 DRIVE

6

但一看前面篮下，已经有人等在那边候教，如果你没把握硬碰硬，该如何？
使出基本功"不同边跳投法"就搞定啦！
右脚跨进同时踩刹车，左脚紧接着踏到右脚旁，屈膝成投篮姿势。

前面有人，刹车收招。

使出乔丹的后撤步跳投！

再突然
急停后撤跳投。

7

Kobe Bryant

蝴蝶穿花

第 5 招 弹趾神功

天生好手 / 科比·布莱恩特(Kobe Bryant)

本招使用关键：熟练书前页所附"急停再走运球法"

难易度：初学级 班队级 校队级 国手级 乔丹级

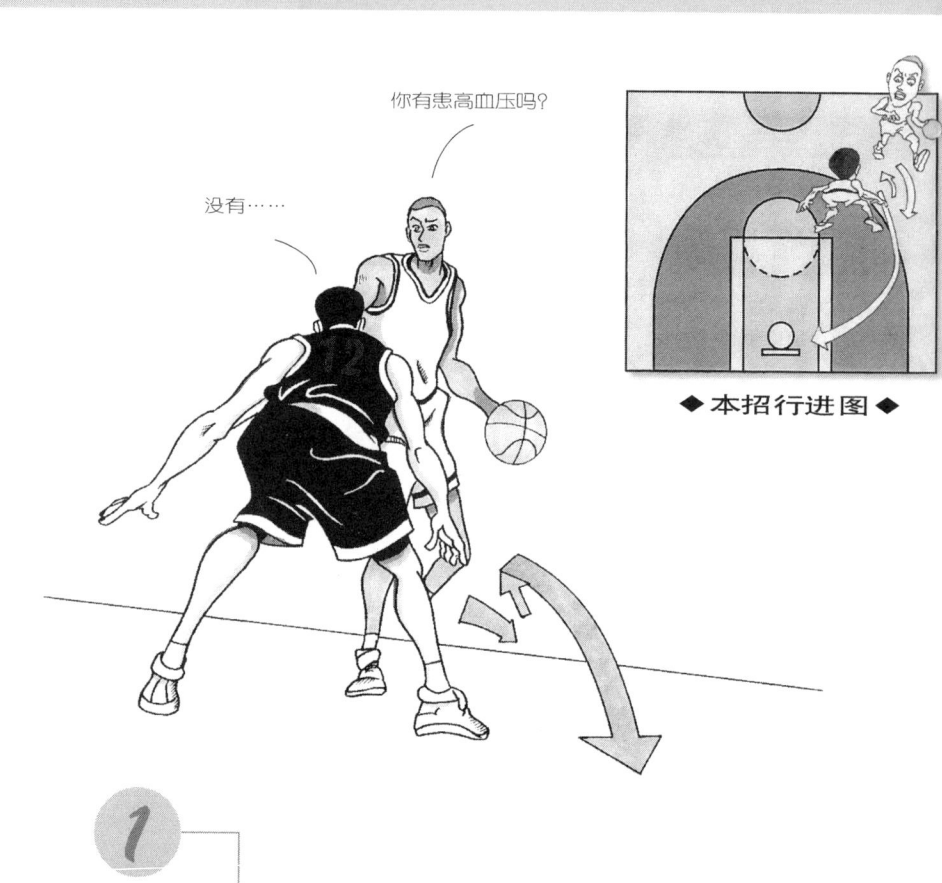

你有患高血压吗？

没有……

◆ 本招行进图 ◆

1　"小飞侠"左脚往左边踏出，以牵引对方的重心跟着走，但着地后突然身体往回撤少许，把重心大部分移到右脚上。这种运球急停的动作，会让对方刹那间也跟着止步。

34　弹趾神功

过人 DRIVE

弹趾神功？这不是飞人乔丹的招牌拿手招式吗？

对！没错。但是很抱歉，因为招式是不能申请专利的。不论你是否是闭关数载才钻研出一独门绝学，一旦在江湖亮出，而且已证明威力十足，各路豪杰个个无不睁着大眼睛偷学，然后纳为己用。

布莱恩特的天赋，除了手掌可能比乔丹小一点之外，其他方面可说是旗鼓相当。他不仅习得这招"弹趾神功"，而且更进一步，是用左手使出（乔丹是用右手使这招），这难度又高出不少，但"弹趾"的步伐是一样的。招式重点只在图1，左脚踏出着地后，身体重心瞬间往回移至右脚。到图2，右脚再借着身体反弹之力射出，展现犀利的过人威力。因此本招才得名"弹趾神功"。

好，弹！

就是抓住防守者瞬间的止步时机，用已经移到右脚的重心迅速向左移动，并大步跨出左脚，抢占切入位置。

弹趾神功

你问这个干嘛?

你马上就知道了。

3

右脚跟着大步跨过防线,完成一次完美的切入。

KEY POINT

欲学本招者,不妨先把书前页所附的"急停再走"基本功练熟,或先不运球,只练这"弹来弹去"的步伐,当你领悟出其中节奏后,那离出师也就不远了。

"小飞侠"过人之后,继续向篮下挺进,但防守者遭此"弹趾神功"的重创,因急于右移补位,不慎双脚相绊,吐血倒地。
本招要是使到十成威力,就有如此厉害的杀伤力,因此对于患有高血压者,切勿随便使出,否则恐怕有"中风"之虑。

啊啊啊啊……!
被自己的脚绊倒了!

4

过人 DRIVE

没问题，你放心地去吧！

大哥，帮我……报仇！

杀到篮下时，遇到补位者阻拦，"小飞侠"停球刹车在他的脚跟处。
优点：让补位者不知你要如何出手。

突然跳起，以背当墙护球，出手得分。

很抱歉，恐怕会让你的小弟死不瞑目！

Kobe Bryant

弹趾神功 37

第 6 招 一转两瞪眼

天生好手 / 科比·布莱恩特 (Kobe Bryant)

本招使用关键：熟练书前页所附"转身运球法"

难易度：初学级 班队级 校队级 国手级 乔丹级

1

队友在左侧运球发动快攻，"小飞侠"在右侧空切呼应。

◆ 本招行进图 ◆

谢啦！

Hi！酷哥，看你表演了！

38 一转两瞪眼

过人 DRIVE

科比在18岁零2个月便进入湖人队,成为NBA历史上最年轻的球员,该年即凭着"乔丹级"的弹跳能力,夺得灌篮王。这还没完,在19岁零5个月即入选为NBA明星先发球员,刷新"魔术师"约翰逊在80年代时20岁零5个月的纪录。

英雄出少年,科比·布莱恩特在NBA蹿红速度之快,令那些原本名列"乔丹接班人"的候选人,如格兰特·希尔、"便士"哈德威、"侠客"奥尼尔等一时手足失措。他在出道第二年的东西明星对抗赛中,已汇集千万人气,大有把乔丹逼宫下台的味道。

但只就个人招式的多变性,布莱恩特跟乔丹一比,仍显青涩许多,尤其科比的切入过人招式,有一个鲜为人知的漏洞。

What ?! 是什么?

别急,这可是科比·布莱恩特的"命门",事关他一生NBA春秋大业和性命安全。在此就悄悄地泄露给你能够生擒这只"当红炸子鸡"的秘方。

布莱恩特最拿手的过人招式,即前面已提到的"擎天摇摆",从这招基本的晃右切左运球原理,实际上他的"投石问路"假投真切、"赤兔探月"左右假切再转身急停跳投、加上"蝴蝶穿花"胯下晃右切左,都是由此变化延伸而来。

但是,不知你是否已发现,这些招式,不管过程如何扭腰、晃肩、摇头,搞得你满天金星,但到最后都是"往左切入"。

对!命门在此!布莱恩特到目前为止,他练就的招式,使起来得心应手的除了"蝴蝶穿花"这招他偶尔会倒过来使,变成晃左切右外,大部分是往左切入。他的过人招式将近八成是往左切。

想要守住他?赌一边吧!把注意力集中在他的左侧,胜算颇大。

这天大的独家秘密,就你知我知,到此为止,千万不可外泄,否则布莱恩特可就吃不完兜着走了。万一不幸此机密外泄,NBA各路好手皆如此围剿他,也但愿布莱恩特经此教训,以他异禀天赋,痛定思痛,彻底学会乔丹几招右切的招式,则"布莱恩特世纪"指日可待。

说到飞人乔丹,那可不得了!往左一甩,随便一列至少有十招,往右一拐又是另十招,加上往上插花七八招(在即将问世的《乔丹篮球宝典》会详列他留给世人的一生全部绝招),把它们放入菜锅混着炒,那才是真正的无解。对付这个世纪之神,建议你不妨干脆打鞠做恭,自动开门请进,还显得大方点。

OK,进入主题,学学布莱恩特的"一转两瞪眼"招式。

这是一招在快攻时常常可用到的佯右转左过人动作,至于为什么要用"转",而不就正面切过去,原因有二:

1. 用转的招式可用身体护球,避免被对方的五爪神功抄到。

2. 赏心兼悦目。想在NBA走红,窍门之一就是"耍酷"。

方法详看以下图解便知:

注:NBA历史上最年轻明星赛前5名成员

球员	球队	年份	年龄
布莱恩特*	湖人	1998	19岁5个月
魔术师·约翰逊*	湖人	1980	20岁5个月
加内特	森林狼	1997	20岁8个月
托马斯*	活塞	1982	20岁9个月
奥尼尔	魔术	1993	20岁11个月

*为明星队先发球员

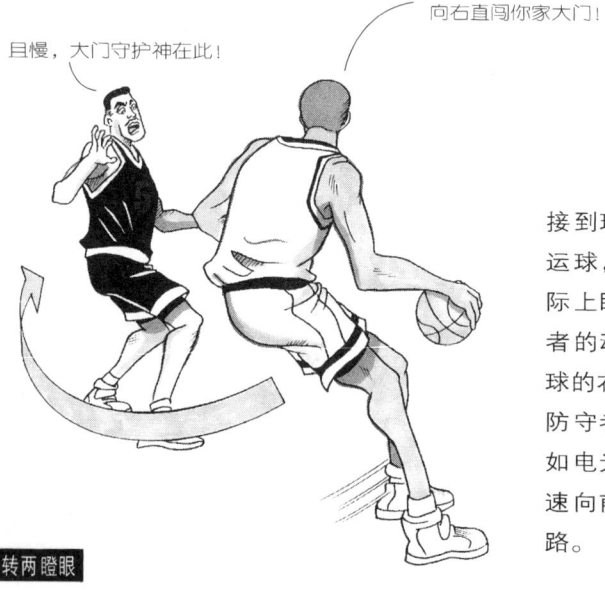

不管你跑得多快，来球的速度如何，设法调整你的步伐，当手接触到球时，让右脚在前（如果你是习惯用右手者）。这步伐是接球后，直接三步上篮最顺的姿势。

绝对不会让你失望的。

且慢，大门守护神在此！

向右直闯你家大门！

接到球后，顺势往右运球，佯右切。但实际上眼神留意着防守者的动向，右手扣在球的右上方。
防守者一看来者速度如电光火石般，也全速向前，欲挡他的去路。

过人 DRIVE

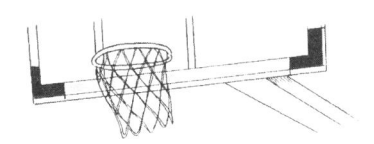

那我就翻身爬窗而过。

4

把球转身一带，
让对方扑空。

这招叫"一转两瞪眼"，酷吧？

5

再来呢？在无人防守下，
当然得承袭湖人的优良传统，
Show time！

Kobe Bryant

一转两瞪眼 | 41

第 7 招 天生好手 / 科比·布莱恩特(Kobe Bryant)
飞碟在天

本招使用关键：先在小腿绑沙袋，练就你的弹跳力吧

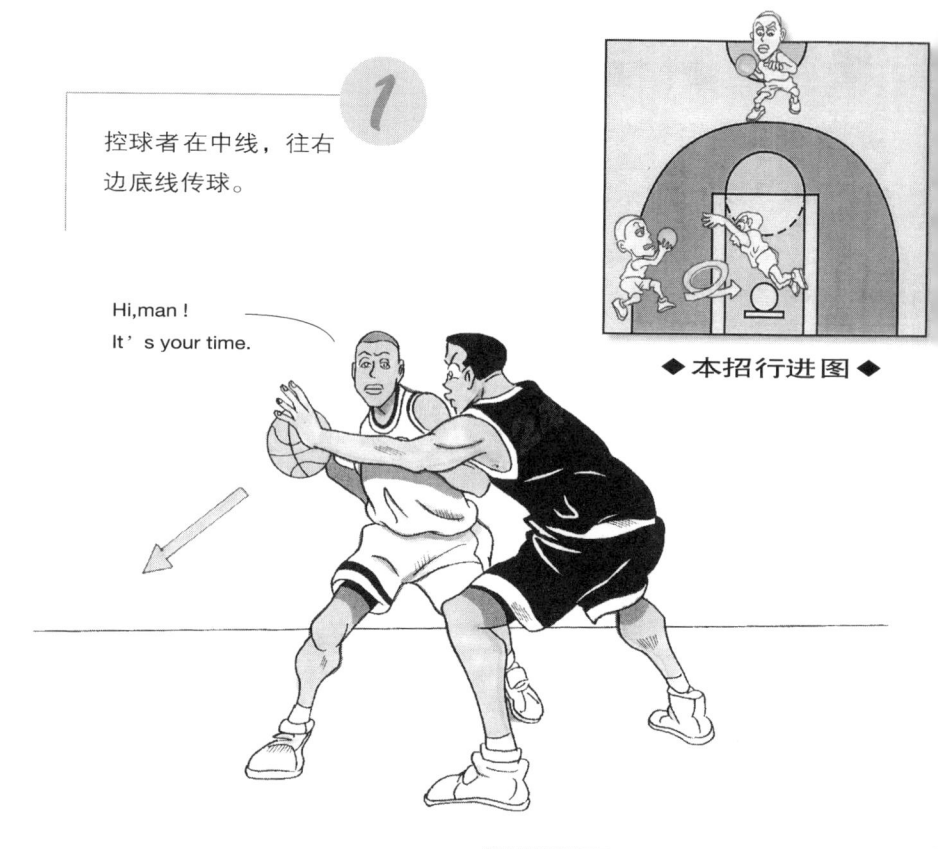

难易度： 初学级 班队级 校队级 国手级 **乔丹级**

1
控球者在中线，往右边底线传球。

Hi, man！
It's your time.

◆ **本招行进图** ◆

2
接球时，左脚在前当中枢脚，右脚顺势跨到左脚尖前。
重心压低，如此才能蕴藏在空中旋转180°的能量。

42 飞碟在天

过人 DRIVE

成功需要努力,也需要机运,但所谓的机运,是当机会来时,你已经准备好了。

不可否认,皮蓬(Pippen)有幸身为飞人乔丹的树下,而得名"天下第二高手",虽然乔丹吃光了牛肉,皮蓬至少也喝足了"冠军牛肉汤"。乔丹之后,如果你立志要在NBA也拿一个冠军戒指玩玩,给你个建议,不妨跟紧"侠客"奥尼尔就对了。秃子跟着月亮走,包你一路头顶闪闪发光,希望无穷。

而"便士"哈德威的威力和皮蓬不相上下,也同样有过辅佐"真命天子"的机会。可惜遇人不淑,他在1995年错失一次称霸武林的机会后,"侠客"奥尼尔,经不起湖人的摇曳诱惑,琵琶别抱,弃他而去。落得哈德威独守奥兰多的空闺,引颈倚窗,期盼下一个男人会更好,以图共度冠军香槟之夜,却眼睁睁看着奥尼尔另结的新欢科比·布莱恩特,凭着年轻有姿色,吸引了全部的镁光灯,把他冷落一方。

但见新人笑,不见旧人哭。当机会驾临到你头上时,如果你没有具备相对应的球技,机会可能过门而不入,永远不再回头。

布莱恩特虽然也算幸运,身逢在有奥尼尔当家的湖人队,以至他曝光在新闻媒体的机会大增,加上他身披"NBA史上最年轻球员"的光鲜大衣,几乎是一个含着金汤匙、黄袍加身出世的真命太子。

但布莱恩特并不因眩目的镁光灯而迷失了他的方向,等待冠军戒指凭空而降。他把握机会,以一身夸张的过人招式,承续了湖人的华丽进攻传统,准备接收乔丹隐退之后留下的亿万人气。

本招"飞碟在天",布莱恩特可跳起在空中180°旋转一圈,顺势摆脱对方的纠缠,再出手挑篮,犹如回旋飞翔于太空的飞碟,把满天的星星一转,抛到背后一般。

方法如下:

抓住你的手,毁掉!

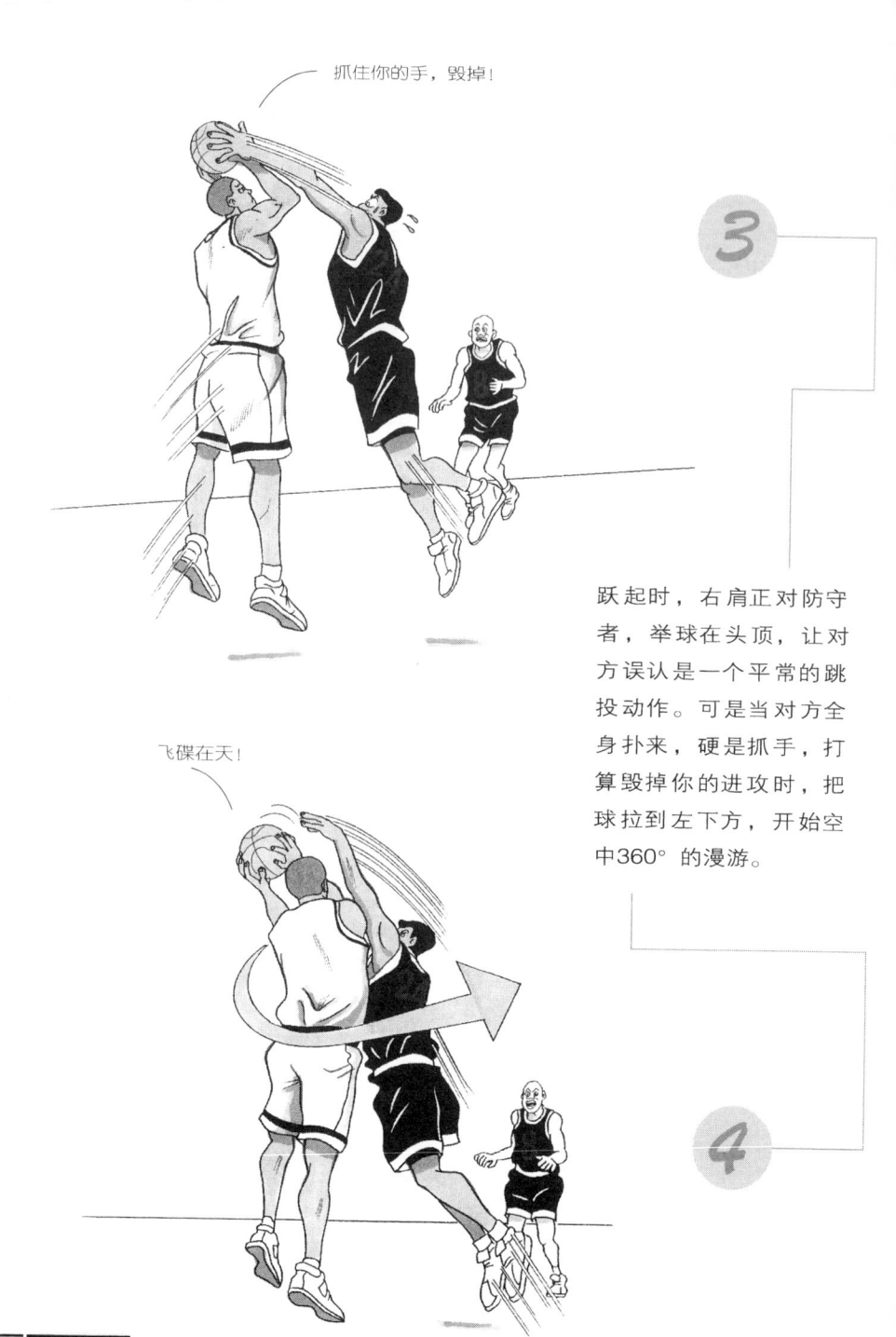

3

跃起时,右肩正对防守者,举球在头顶,让对方误认是一个平常的跳投动作。可是当对方全身扑来,硬是抓手,打算毁掉你的进攻时,把球拉到左下方,开始空中360°的漫游。

飞碟在天!

4

Kobe Bryant

44 飞碟在天

过人 DRIVE

收腰挺臀。

5

收腰挺臀，可让旋转更顺畅。
但转过后，记得第一件事就是赶快找篮筐。
警告：患贫血者，请勿模仿本招。

旋转过程速度尽量快，且保持身体平衡，但出手时，则要仔细瞄准。因为防守者早已被你"转"到远处，不用担心有人封阻了。"嗜血第六人"斯塔克斯(John Starks)也会此招，但他使来一板一眼，视觉上不像布莱恩特，好像一阵云烟在空中打一个转，多添了一分美感。
奥尼尔肯定是乔丹之后下一个冠军戒指的吸尘器，但他是一个粗重的高大中锋，他做不出乔丹那些出神入化的动作，所以，他注定只能赢得乔丹留下来的"胜利"。但布莱恩特却已准备好，赢得"崇拜"。

You see ?
这就是我为什么那么"红"的原因！

我的妈！
他是乔丹吧？

Kobe Bryant

6

飞碟在天　45

绰号 / 酷哥

救世主 格兰特·希尔

Grant Hill

★ 位置：小前锋
★ 身高：2.03米
★ 1994~1995年"年度最佳新人"
★ 当今NBA"大三元"王
★ 梦之三队成员

我是乔丹接班人？
错了
上帝的化身只有一人
但是 乔丹之后
别人称我是
"救世主"

过人 DRIVE

"大三元"第一高手

"乔丹旋风"征服了全世界后,人们一直引颈企盼NBA有个像乔丹一样神奇的"上帝使者",能永远满足千万球迷那颗得了"偶像崇拜症候群"的空虚心灵。

但年复一年,花开花落。虽然江山年年皆有强人出,乍看皆是稀世高手,但拿到桌上跟乔丹一比,却又如鸭脚比鸡腿——没得比。

相隔近十年,灵光一现,出现了一位名叫格兰特·希尔的人物,他化腐朽为神奇的能力,有如千手佛来。他英俊挺拔,风度翩翩,他轻易掳获的"人气"直逼乔丹,人们立刻迫不及待地强冠"乔丹接班人"的封号在他身上,他却气定神闲地说:"我惟一确定的是,我光头的亮度肯定跟乔丹一样亮。"

乔丹是永远无法取代的!

但希尔能得此封号,也绝非空穴来风。他创下NBA单季13次"大三元"的纪录(得分、篮板球、助攻每场皆超过10),可是乔丹穷极一生做不到的事。

而他的成名绝招如"立竿见影""响蛇吐信""醉步移身"等,招式使来虽然没有乔丹那么刚,却让人如沐春风,多了一分雅。

Grant Hill

第 8 招 立竿见影

"救世主"格兰特·希尔（Grant Hill）

本招使用关键：熟练书前页所附的"青蛙步运球法"

难易度：初学级　班队级　校队级　国手级　乔丹级

◆ 本招行进图 ◆

喂，Cool Man！
眼睛不要盯着我看，好吗？

嘘……别吵！

以轻盈的步伐，跨出左脚向前逼近。

①

48　立竿见影

过人 DRIVE

"会弹钢琴的孩子不会变坏",这句话似乎也适用于NBA。

希尔,面貌清秀、温文尔雅,从不说脏话,弹得一手好钢琴,书香世家出身,完全一副少女们心中白马王子的标准模样。

有没有搞错?这种和恶形恶状的NBA球风毫不相符的人,能生存下来就可以偷笑了,谁敢奢望他当"乔丹接班人"?

这就如在土匪寨中选一风流倜傥的玉面书生当寨主般令人感到格格不入。

但事实如此,他的"人气指标"直追乔丹,这点在每年的东西明星选票时,可清楚看出。

以下几招"希尔流"的成名绝招,可让你完全了解他可不是浪得虚名。

本招先介绍他最常用的一招"立竿见影"。

立竿!

左脚着地后立刻迎面再向防守者正前跳起。

2

注意:本招要使得漂亮,关键动作在此。着地时突然右脚往右一跨,肩膀同时往右一晃,持球的右手却置于球的右侧,而不是如平常运球时放在球的上方。
Why?

见影!

3

Grant Hill

立竿见影

④

糟！重心被骗浮起。

原因在此！
当右脚着地的同时，右手迅速往左带并换手运球，球的行进路线几乎是平行的，所以右手置于球的右侧将更有助于控制球的行进。

安静点，才能体会本招的精髓。

⑤

对手被这迎面而来的一跳加一晃，重心不禁往左跟着移，但却见影不见身，等到发觉"酷哥"的身影已窜到右侧，要回身封阻时已慢了半拍。

过人 DRIVE

漂亮！

本招使用过程简单地说：
1. 左脚先向前跨一步，拉近距离。
2. 往前一跳，让对手难辨要左、右切哪边。
3. 晃肩、顿足，诱使对方重心向左移。
4. 迅速换手运球切入。

希尔此招"立竿见影"跟"大镖客"皮蓬(Pippen)常用的"跳前晃肩"招式、步数完全一样。如只论招式的切入功效，两人不分上下，但希尔使来却潇洒得有尘埃不沾的感觉，让人不禁脱口一声："漂亮！"

算你识货！

KEY POINT

因此，同样的步数，为何使来会因人而异，原因有三：
1. 希尔的换手运球基本功练得够纯熟。
2. 希尔使用此招时，他的眼神始终盯着对手看。此乃细腻之处，体会完全看个人。
3. 抱歉！他长得比你帅。这就练不来了。

Grant Hill

立竿见影

第 9 招 怒马后踢

"救世主"格兰特·希尔（Grant Hill）

本招使用关键：熟练书前页所附的"变向运球法"

难易度： 初学级　班队级　校队级　国手级　乔丹级

◆ 本招行进图 ◆

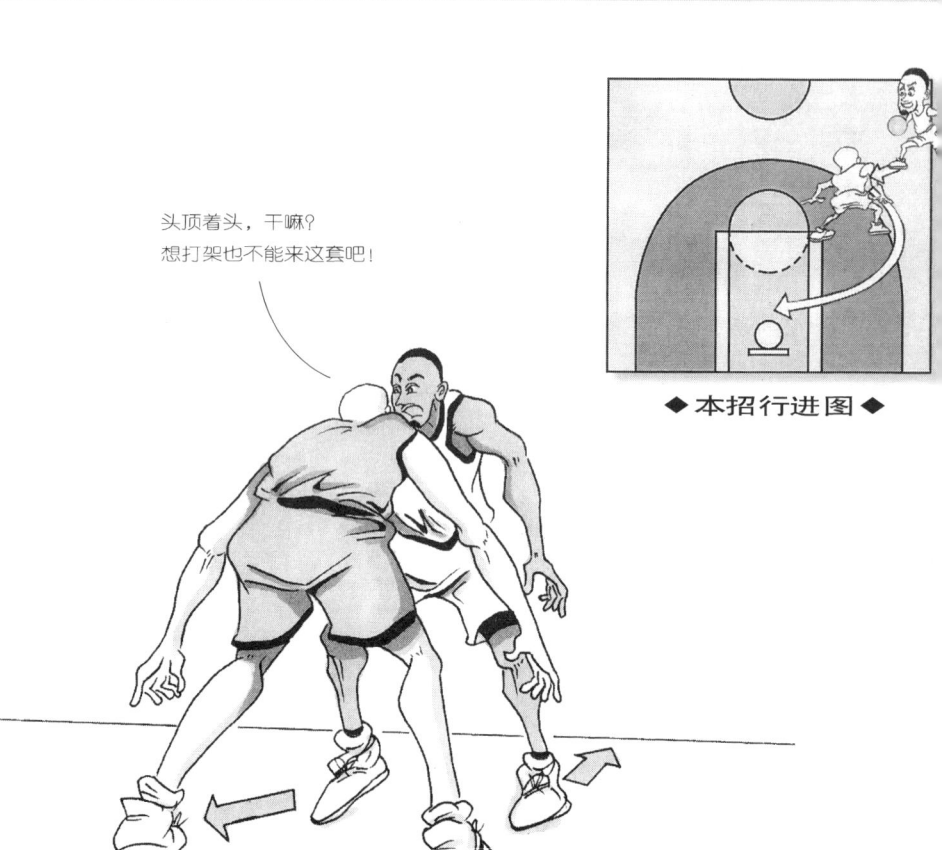

头顶着头，干嘛？
想打架也不能来这套吧！

1 "酷哥"重心压低，蓄势待发。

52　怒马后踢

过人 DRIVE

希尔跟乔丹球风相似的地方是在他们招式使出时，皆是慢条斯理，不愠不火，到底使出什么招式，事后都看得很清楚，对手也很明白怎么死的，但是在运用过程中，却永远让你抓不到他们的命脉。

不同地方是，乔丹在漫步中散发出一股杀气，让你的心脏有股大难临头的窒息感。希尔却让人感觉犹如面对一位钢琴家一般，在他使出招式时，就如一段迷人的乐曲，阵阵迎面而来。在迷惘中，让你含笑中弹落马，而无一丝痛苦的感觉。

本招"怒马后踢"是希尔晃球诱敌的招式。

> 别误会，这招是"怒马后踢"！

Grant Hill

2

右脚往右突然踏出，右手同时带球往右一晃，左脚很自然地就如一只被激怒的野马，往后一踢！

怒马后踢　53

这……
这是哪门招式啊?

一看此晃球欺敌动作奏效,对手已被此马后踢得满头雾水,重心跟着球偏,立刻换手运球往底线杀进。

怒马后踢!

看过马后踢的动作,印象可能不会很深刻,但要是被马踢到,那可是让人永生难忘。
但对防守者来讲,那种皮肉之痛还不算什么,他尝到的可是在万人面前被此"马后踢"耍得重心尽失,颜面也尽毁的椎心之痛。

过人 DRIVE

5

哎唷……难怪令人如此难受！

而且还得跟着"酷哥"的屁股后面，眼睁睁看他收球准备起身灌篮。
在篮球圈内混的，最难为情的莫过于此。

6

单手挽天！

惟一庆幸的是，这不是乔丹的灌篮。乔丹他老兄只要逮到这种show time 时间，那还得了，绝对嘴吐七爷长舌，红着眼珠，一副气贯山河的姿态，一灌不只要得两分，而且要把对方整队的士气，一棒打到谷底。希尔的灌篮则在神气中不忘保持书香世家的优雅之风。

Grant Hill

怒马后踢　55

第 ⑩ 招 响蛇吐信

"救世主"格兰特·希尔（Grant Hill）

本招使用关键：熟练书前页所附的"急停再走运球法"

难易度： 初学级 班队级 校队级 国手级 乔丹级

◆ 本招行进图 ◆

Grant Hill

You，我看你不顺眼！

①

"酷哥"把球先运到左手。

56 响蛇吐信

过人 DRIVE

希尔在左侧30°位置常常两招交互使用。一招是前面介绍的"怒马后踢",那是切左的招式;另一招是切右的招式,即是本招"响蛇吐信"。

两招的起手式皆是"右手运球往右带",但第二个动作却南辕北辙,一个向左,一个向右,让对手左右为难。

希尔能不愠不火地吃你,原因就在此。

> 简直是激我使出狠招嘛。

突然双脚踏起,换手运球。

2

—吐!

3

本招的关键动作在图3、图4。图3让球与右手掌接触时间稍长一点,说得露骨一点儿,是"粘"在手掌,并同时身体往右前方倾。

如何让球"粘"在手掌?

Good question!

当你平常自己在练"换手运球"基本功时,双手摆幅由小而大,由慢变快,渐渐您就能领会那种"有点儿粘,又不会太粘"的感觉,而且哪天在街头的斗牛中你会突然发觉,以前在模拟"达摩秘笈"中的招式时,那种生涩、不顺的感觉都不见了。

这代表你"开窍"了!

响蛇吐信 57

一缩！

右手"粘"着球，连同前倾的双肩，突然拉回来。这时身体的重心是放在左脚上。

4

Grant Hill

然后左脚瞬间一发力，往右射了出去。

如此一吐一缩再一射，犹如一只睁着大眼睛的响尾蛇，当它锁定猎物后，长舌一吐，乃本招的起手式，有佯右之功能；一缩乃为混淆方向，有佯左之功能；一射则因猎物刹那间左右不分，双脚被钉在地板上，势必束手就擒。因本招一吐舌，必现血光杀机，一见血，必封喉，招性太毒，故得名"响蛇吐信"。

响蛇吐信！

糟！双脚钉住了！

5

响蛇吐信

过人 DRIVE

图6、图7乃当你过了第一关往内线切入，碰到中锋高举大手，犹如提了一把沾了血渍的大刀，移身补位，准备一刀把你从上至下劈成两半时，必须运用你的保命步数——"蛇行步"。

收球上篮的第一步，右脚对着补位中锋往右斜踏出，状似右行。

一刀让你毙命！

哼！又来一个。
没关系，看我的"蛇行步"！

未必！

左脚急转弯往左蛇行，并举球到头顶佯出手，却空中变换手法往右挑篮。

KEY POINT

本招"响蛇吐信"跟乔丹的"弹趾神功"有异曲同工之效。
那这是同一招喽？
非也！弹趾神功侧重双脚的前后蹬出，响蛇吐信则关键在"粘球"的功力。

Grant Hill

响蛇吐信

第11招 醉步移身

"救世主"格兰特·希尔（Grant Hill）

本招使用关键：熟练书前页所附的"变向运球法"

难易度：初学级 班队级 校队级 国手级 乔丹级

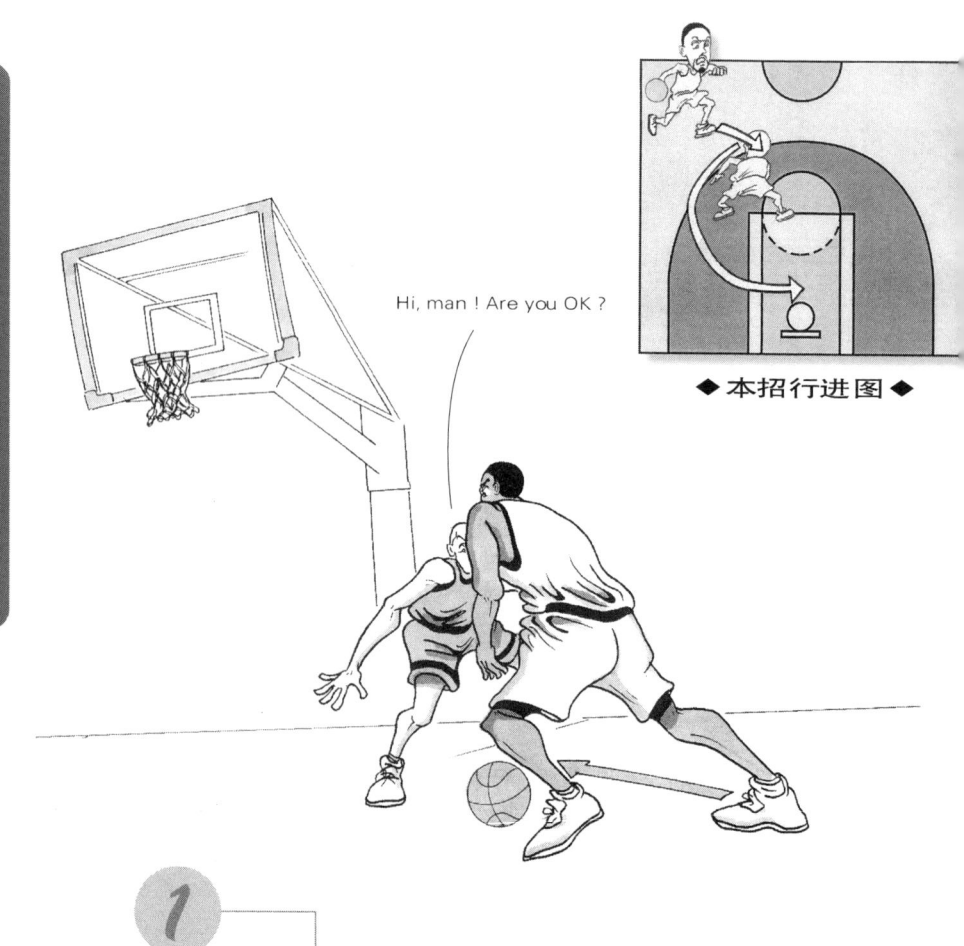

Hi, man! Are you OK?

◆ 本招行进图 ◆

1 换手运球到左手，顺势起身向左移。

过人 DRIVE

醉过方知酒浓。

当一个人已喝得如烂泥,却仍手持米酒,一拐一跛地横行在回家的半路上时,那是一件很危险的事,但他醉人的步伐,却也是很致命的一招。

本招"醉步移身"是希尔的独门绝招。简单地说,它是以一拐一跛的步伐,平行移动,配合熟练的换手运球基本功,诱敌移动的过人招式。

本招希尔使来轻巧柔顺,让对方面对的,与其说是一个醉客,倒不如说是一名醉人的舞者,脚踏华尔兹旋律,迂回而来,更显贴切。

当你沉迷于他优雅的舞步,不禁也使出防守的基本步——螃蟹移动,融入他的旋律时,一眨眼,人却已不见踪影,只留下淡淡的薰人的酒气。

Noooo……problem!
我没醉!

2

左脚再起步续向左移。

借酒装疯?
不过舞步倒蛮优雅的。

3

右脚移到左脚右前方约20厘米处。

Grant Hill

醉步移身　61

这是本招关键时刻，过得漂不漂亮，完全看此动作是否实在。所谓"实在"就是假动作是否逼真。本招要使得逼真又实在要诀有三：
1. 图4左脚这一跨，速度要变快。
2. 着地立踩刹车，并让球粘在左手掌，等待对手跟着移位过来。
3. 左手掌置于球左侧。

Come here !

防守者从图1到图5虽然不敢掉以轻心，施展正宗的平行防守步"螃蟹移动"来对付。
可惜，他岂知"醉步移身"的精髓处，就在诱骗螃蟹步跟着它的旋律移动时，突然换向完成致命的一击。

不好！上当了。

再见！

KEY POINT

所谓"螃蟹移动"乃防守者平行移动的标准步。如图1~图5防守者左脚跨、右脚跟到左脚旁，再左脚跨、右脚跟，换向亦然。最忌双脚呈交叉状，那可会让人耍的，被自己的脚绊倒在地。

过人 DRIVE

6 一闪过人得逞，立刻收球往篮下钻。

做秀时间到了。

想封？太慢了！

虽然有人补位跳起，想以双掌当墙封住他的"出手点"，但"酷哥"抢先一步，单手灌篮突袭成功。

希尔有没有酒醉过，我不知道，但他肯定看过，而且很仔细地看过醉汉的步法。能把这醉人的华尔兹，运用到招式，并发挥到淋漓尽致，称他"天才"似乎也不过分。

7

Grant Hill

醉步移身

第⑫招 阴沟翻船

"救世主"格兰特·希尔（Grant Hill）

本招使用关键：熟练书前页所附的"青蛙步运球法"

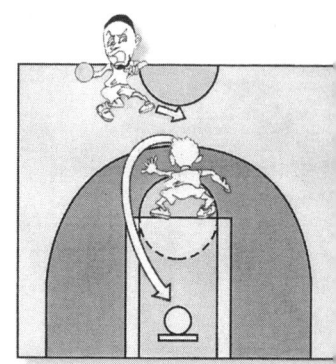

难易度：初学级 班队级 校队级 国手级 乔丹级

施展"快速运球大法"，全速推进。

◆ 本招行进图 ◆

图1到图2是"酷哥"运球快的过程，其姿势可当"基本速运球法"（SPEED DRIBBL的学习参考。

其运球要诀有四：

1. 球的落点稍前于人。免得跟不上人，或人跟不上球
2. 手掌置于球的正后方推出顺势下压，让球着地后有旋效果。
3. 练习时试着眼不盯球，交换手跑。
4. 要多练。

Grant Hill

64 阴沟翻船

过人 DRIVE

人在背运时,走在路上都会一脚踩入臭水沟。
一脚踩进臭水沟是什么模样?
一踩空,肩膀斜一边,重心也会跟着偏,并置于踩空的那一脚上;另一边的那只手,不自觉地提起以维持平衡(姿势如图4)。
对啦!
要学会希尔这招"阴沟翻船"的精髓,只要你没事半夜往臭水沟多的地方走,多踩几次,就能找到那"感觉"了。纯属建议!
本招是希尔以肩膀做假动作的招式。

2

何方妖道挡路?

往你身上扑!

3

在中场碰到对方防守时,速度放慢,运球向对方正面平行跳起。

Grant Hill

阴沟翻船　65

4

着地时，重心倾向左脚，左肩也突然斜向左侧。此乃本招关键处。

哎哟！踩到臭水沟！

我靠！又栽在他的怪招上了……

一侧身而过，见有人上前包夹，立刻双手将球紧紧抱在怀里，让人想打都打不下来。

5

过人 DRIVE

自动投降能打折吗?

⑥ 对方一看，生米已煮成熟饭，大事已去。惟恐犯规加罚，双手垂直高举，以示清白，"酷哥"也就当仁不让了。

KEY POINT

希尔在中场正面迎敌时最常用的招式有二：
1. 本招"阴沟翻船"。
2. 前述的"立竿见影"。
又是一招切右，一招切左。最让对手伤脑筋的是，起手式完全相同——运球往对方的正面跳起 逼进，着地后却左右难料。希尔难守，原因就在此。

本招如此高贵，赏你两分，够便宜了。

⑦

Grant Hill

阴沟翻船 67

第⓭招 前仆后继

"救世主"格兰特·希尔（Grant Hill）

本招使用关键：用你的眼神，让防守者相信你的假传动作是真的

难易度： 初学级　班队级　校队级　国手级　乔丹级

"酷哥"眼观全场，抬头挺胸发动快攻。

1

小白脸，放马过来！

◆ 本招行进图 ◆

右边队友有空当。

KEY POINT

篮球是团队的游戏，胜负取决于全队战斗力的总和。分点儿机会给队友表现，自己不必费牛劲，还可以培养队友的信心。纵使你在球队获胜中功劳最大，也要说："这是大家同心协力的结果。"
队友听得爽，又无损自己的伟大。

助攻 ASSIST

希尔之所以能被拿来跟乔丹比，主要原因是他也是一位全方位的球员。
也就是说得分、助攻、抢断、篮板球样样一流。这些都能从比赛的数据查证，但他最值钱的却是一种无形的东西，这是无数据可查的，那就是他的统帅能力。
这种能力表现在球场上，实质的东西是由他的助攻、组织球队攻击的能力；是由他的个人单打、力挽狂澜的能力；是由他的篮板球、抢断后创造得分机会的能力；然后最重要的一点，是由他良好的球品修养，让队友衷心信服，形成球队的向心力。
这种能力乔丹有，希尔也有。那什么是良好的球品修养呢？
不贪功、不居功是其中之一。

出言不逊，很好……
使一招精彩的。

2

眼睛直视右侧队友，
让防守者清楚你的
传球方向。

前扑！

3

收球并右脚向右跨，
做出传球动作。

Grant Hill

前仆后继

4

抄！

收球

但，那是假传动作。收球并顺势左脚向左跨出。

借此假传动作，诱使对手重心偏左抄球，过人之后，再以一招传球的基本功"双手胸前传球"，把球传向队友。

5

咦……糟！

后继！

队友接球时，出现了个大空当。

6

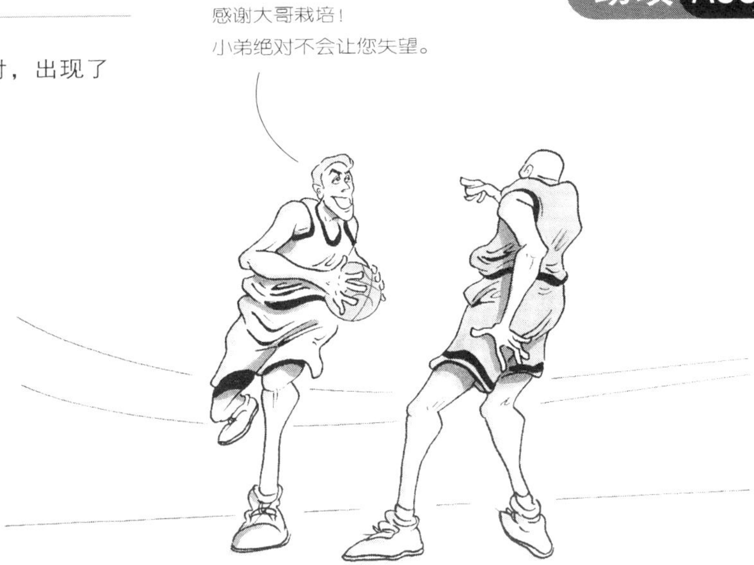

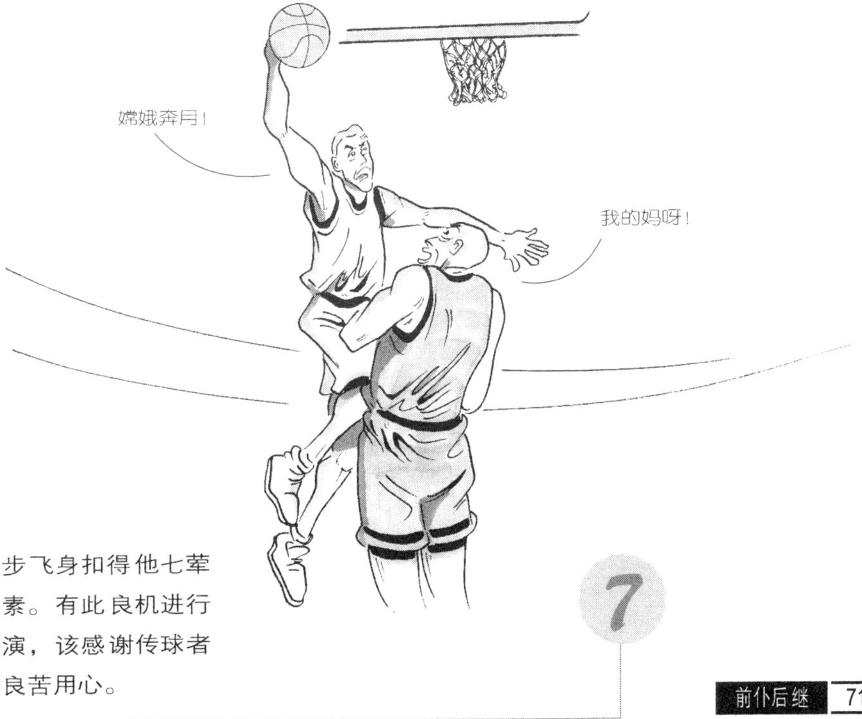

7

大步飞身扣得他七荤八素。有此良机进行表演，该感谢传球者的良苦用心。

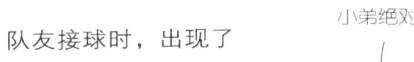

第 14 招 双龙抢珠

"救世主"格兰特·希尔(Grant Hill)

本招使用关键：正确判断对手的出手点

难易度：初学级 班队级 校队级 国手级 乔丹级

1 进攻者接球降低重心，以身体作掩护。

矮个子，也敢闯入篮下，找死！

好，就让你见识一下矮个子的专用招式！

◆ 本招行进图 ◆

72 双龙抢珠

封盖 BLOCK

打篮球被人家盖火锅，大概是最lose face了。

火锅通常都是被对手用单手在空中拍掉，球落地后，至少仍有机会抢回来。但如果是被对手像空中抓小鸟一样，抓个正着，那可真现大了，你会恨不得当场挖个洞，把头钻进去。

本招希尔的"双龙抢珠"，在空中能够抓到小鸟，使用要诀有三：

1. 算准投篮者的"出手点"，早一步移动到篮筐右边，等君入瓮。
2. 利用队友在第一线的防守，让攻击者看不到你的埋伏。
3. 要人高手长。

抱歉！不小心又说到您的痛处。不过没关系，抓不到就别强求，打得到也很漂亮了。

右脚先着地，左脚稍跨进立刻落地，背靠防守者跳起。
并用右手把球顺势推到左手，身体骑到防守者身上。

骑马摘花！

双龙抢珠

摘你的头!

然后全身伸直,左手出手挑篮。

本来进攻者这招"骑马摘花"使得不能说不漂亮,可是啊,抬头仔细一瞧,哇!空中突然冒出一个黑影!

"酷哥"早已在此等候大驾光临,犹如一只三天未进食的大老鹰,伸出双爪飞扑过来。

3

当一只小鸟早被老鹰看穿了它的飞行路线,而且是大难临头才发现,必然当场死定了,并且死状凄惨。

4

双龙抢珠!

74 双龙抢珠

封盖 BLOCK

希尔身高2.03米，以此等身高再加上绝佳的弹跳力，碰到一些观前不顾后、矮他一截的控球后卫，闷着头闯到篮下时，他这招"双龙抢珠"，绝对会让对方永远在心中留下难忘的痛。

5

哇哇哇……太残忍了，这叫我以后如何在圈内混啊！

Grant Hill

双龙抢珠　75

第 15 招 瓮中捉鳖

"救世主"格兰特·希尔（Grant Hill）

本招使用关键： 正确判断对手的传球时机和方向，提早起步拦截

难易度： 初学级 班队级 校队级 国手级 乔丹级

① 进攻方祭出中锋在底线左侧低策应位置单打，以诱使防守方增派一队员进行包夹，三名远投手则分别站在三分线外，造成外线三攻二。

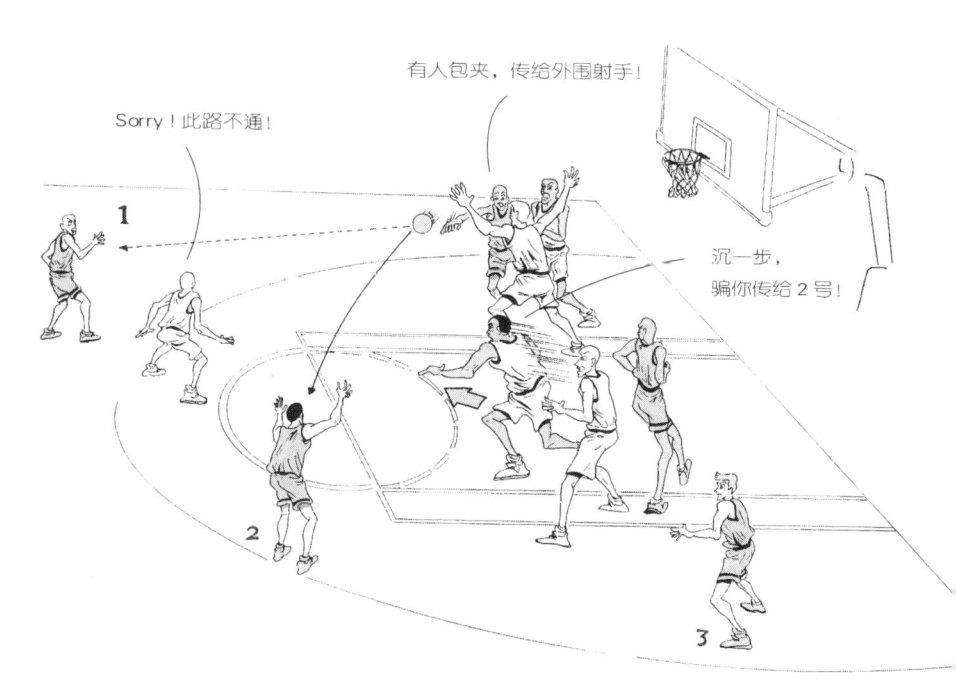

有人包夹，传给外围射手！

Sorry！此路不通！

沉一步，骗你传给2号！

抢断 STEAL

当敌队以固定战术来创造出手投篮的空当时,他们必须要做的一件事,就是传球。于是,能够事先洞悉他们的传球路线,故意设下陷阱,引敌队传到你"希望"的路线,然后,嘿嘿!半路"喀嚓",从中拦截,铺网抓鸟,引君入瓮,乃人生一乐事。
而且此种在他们投篮之前,即把攻势摧毁掉,乃兵家最上策。
本招就来见识一下希尔如何"瓮中捉鳖"。

持球者一见有人包夹,最不会被抢断的传球路线是如图(----)线,先传1号,1号没机会则传2号,2号也没机会再传3号,最忌讳对角传球,因为最容易中途被抢断。

嘿嘿!得手了!

抓不到，
拨到也行。

1

2

3

3

因此靠近1号球员的防守者，首要任务是防守1号，并且要盯牢一点，让持球人没机会传给1号，使他不得不传给2或3号。于是机会来了，"酷哥"埋伏在限制区内，故意离传给2号的路线一步远，一见球传出，立即出击从中拦截。

追得到，再说吧！

喂！老兄且慢，
贫道有事相告……

而且防守方的这种陷阱一旦得逞，立刻转守为攻，一定是快攻的大好时机。如图4酷哥已使出"快速运球法"，如一只飞跃的羚羊向前飞奔。

4

78 瓮中捉鳖

抢断 STEAL

哎！真慢，空手跑都追不到。

⑤

收球准备起身灌篮时，两位从中场就一路追赶的防守者，竟然无一可以赶上。

只好表演独角"秀"啰！

哪天如果你心血来潮，可以在斗牛场上随便找一人，跟他比谁跑得快，以边线一端为起点，另一端当终点，但是，你必须运球跑，他空手跑。如果你能跑赢的话，那恭喜你！
这代表你的"快速运球"，已练到跟希尔一样厉害了。

⑥

Grant Hill

瓮中捉鳖 79

绰号 / 闪电侠

闪电小野牛 艾弗森

Allen Iverson

★ 位置：控球后卫
★ 身高：1.83米
★ 1996年选秀状元
★ 1996~1997赛季NBA"最佳新

乔丹所为何来？
他
是来让世人崇拜的
艾弗森呢？
我
是来颠覆历史的

身高最矮的选秀状元

你能想像,以1.83米的身高,也可以当选NBA选秀状元吗?

你能想像,以此身高第一年打NBA,就把张伯伦(Wilt Chamberlain)近30年的高衔——连续三场得分超过40分的纪录,一举推向五场吗?

篮球是高个子专利的游戏?
艾弗森很明确地告诉你:No!
他一进NBA,就注定是来颠覆历史的。

场内、场外都不按牌理出牌,球场外的言行颇受争议。在球场内,连穿的球裤都因裤长过膝遭NBA总部的警告,这些都还算是芝麻小事,你看过哪一队的控球后卫,也可以创造NBA的得分纪录吗?

防守时更绝,美国人常批评他所属的球队:"进攻时只需四个人,防守时却必须要六个人。"夸他进攻像一条活龙,也讽刺他防守时像一条虫,这完全违背了NBA近年流行的"防守第一"求胜法则。

但是,艾弗森却面不改色地说:"手上没有冠军戒指可戴的人,就没有资格批评我。"乖乖!一句话可就得罪了NBA绝大部分的球员。

艾弗森凭借的就是他一身超凡入圣的球技,别人跟他一比,的确就变得好像在玩家家酒似的,尤其他那招轰动武林、惊动万教的"变向迷幻步",从基本的"变向换手运球",变化出令人眼花缭乱的身影,被公认是90年代NBA五大传奇招式之一,连球王乔丹都被他耍得团团转,也难怪他如此目中无人。

他实在无法再谦虚了!

第 16 招 野牛摆尾

闪电小野牛 / 艾弗森（Allen Iverson）

本招使用关键：熟练书前页所附的"变向运球法"

难易度：初学级　班队级　校队级　国手级　乔丹级

对付这位"闪电侠"，很难同时防他左右两侧的切入，防守者摆出"防大边"的步法。理论上完全正确，但是很不幸，他碰到的是这位超级快腿"闪电侠"。他生性高傲自负，你逼他用不惯用的左手运球，他偏偏就用左手彻底地把你击溃。赢在对手的刀口上，不仅要吃你的肉，连骨头都要吞下去，这是他的一贯作风。

只见他以右脚往前跳起逼进，接受对方的"大边"防守阵势挑战。

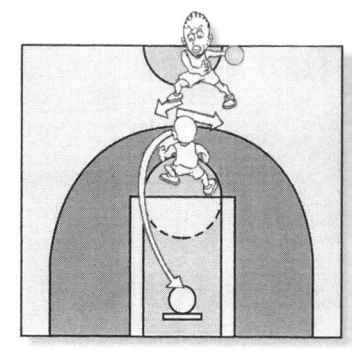

◆ 本招行进图 ◆

1

进攻！进攻！再进攻！

碰到这条疯牛，只能用"防大边"阵势守他。

KEY POINT

所谓"防大边"，即如图 1 防守者左脚站前，右脚在后，双脚连线与进攻者约呈 45°，并站在进攻者的略右边，空出一个大边，全力防守，而且是空出持球者比较不惯用的手那边，逼他用最不拿手的运球方式，切入防守方布下的包夹陷阱，造成防守优势。

Allen Iverson

82　野牛摆尾

过人 DRIVE

他，个性如一头小野牛，一头误闯都市丛林的小野牛。
在他眼里，所有的人事景物都是红色的，都可以激起那天生桀骜难驯的野性，迎头痛击。
身负控球后卫的重责大任，我们知道，这职位主要任务是传球助攻为主、得分次之，这道理艾弗森他懂，但他身拥霹雳攻击火力，不愿因此有所收敛，只要一听球赛开始的哨声响起，他就如野牛出柙般，摇屁踢脚、浑身解数、冲锋陷阵，似乎就忘了我是谁了？
不！他没忘！他很清楚他所扮演的角色，只是当他发觉他可以轻易地亲自操刀得分时，又何必多此一举传球助攻呢？
初入江湖打NBA的第一年，连续五场比赛得分分别为44分、40分、44分、50分、40分，打破了一代得分大师张伯伦在1959～1960赛季所缔造的个人连续三场得分突破40分的纪录。
天啊！他是如何做到的？飞人乔丹当了近10年的得分王，也不曾如此嚣张过。
答案：绝佳的爆发力与速度。
加上十八般单打武功样样精通，本招"野牛摆尾"，是他那独门的"变向迷幻步"变化而出，试试看是否能学会一点艾弗森的味道。

切右！……
Sorry！骗你的，别紧张。

换到右手运球同时，右脚再往前踏半步逼进。

刚刚……那是什么招式？

叫"野牛摆尾"。

而且，他决定使用"野牛摆尾"招式，在生吞对方之前，先卖弄一番。双脚一着地，身体有佯左切的味道，却立即收招，左手掌置球左边，在身后换手运球。

Allen Iverson

野牛摆尾 83

再换手运球到左手，并顺势抬左脚往前。

这动作跟图1完全一样，因此从图1到图4，球从"闪电侠"的左手经他背后到体前，刚好绕了一圈。

为什么要如此大费周章？

1. 虚晃一招，分散对手的注意力。
2. 没什么道理，就是一个"爽"字，就如猫在搞死一只小老鼠之前，把老鼠抓了又放，放了又抓，它不仅要老鼠死翘翘，且要它没有尊严地阵亡。想在NBA干活，你也必须随时迎接这种残酷的考验。

但，那只是本招的起手式，注意！现在可要来真的了。

4

Two !

One !

突然双脚同时腾空一张，右脚先着地，右肩向右一晃，佯右切紧接着左脚向左着地，身体跟着晃过去，佯左切。

5

过人 DRIVE

让你在左右应接不暇之际,紧接着祭出实招,换手运球到右手,向右切。

眨眼间,"闪电侠"已做出两个佯切虚招,加上一个右切实招。让你还未及反应之际,只感觉一阵风声"咻!"划耳而过。惊吓之时,人已从你旁边呼啸而去。

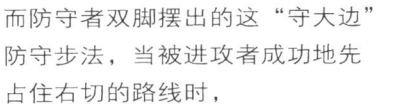

而防守者双脚摆出的这"守大边"防守步法,当被进攻者成功地先占住右切的路线时,反而成为致命的要害,无从回防补救。

切记!

Three！

喂,疯牛!
这数字代表什么意思?

"闪电侠"突破第一防线后,从中路杀入,直捣黄龙,众妖魔虽然赶紧回府围攻,但他速度实在太快,只能睁眼看着老巢被破门而入。

代表本招一出,
3秒之内必断魂。

Allen Iverson

野牛摆尾　85

第17招 偷天换日

闪电小野牛 / 艾弗森（Allen Iverson）

本招使用关键： 运球快攻时，留意队友的跑位方向

难易度： 初学级　班队级　校队级　国手级　乔丹级

等一等！你的大睡裤，水门没关！

是吗？！

1

◆ 本招行进图 ◆

"闪电侠"如脚踏风火轮，快速运球策动快攻，一过中场，立刻遭遇敌队前哨兵的阻截。

2

他一看这名前哨伏兵从他左侧横向移动来抄球，不但不减速，还故意右脚踏前，运球在右前方，诱敌扑上。
此即"背后运球"起手式。

趁机，抄！

86　偷天换日

传球 PASS

整个80年代堪称"大师级"的控球后卫，只有两人："魔术师"约翰逊和活塞龙头托马斯（Isiah Thomas）。

托马斯在场上的运球策动快攻和快速传球，江湖人士形容有如蝴蝶穿梭于花丛，来去自如，任他遨游，这种人物在NBA的确十年才能出一个。

为什么提到托马斯呢？

因为到了90年代末，江湖上又冒出了一个"神似"托马斯的人物，不论是把球绕在自己身体团团转的控球功力，还是出人意料的传球创意，以及移动速度，简直是和托马斯同一个模子打造出来的。

他就是艾弗森。

惟一不同的是，托马斯从来不像艾弗森那样潇洒，把在家里穿的那条长过膝的宽松大睡裤，当球裤穿到球场上亮相。

本招"偷天换日"是艾弗森的妙传绝招。欲学本招并不难，只要你运球快攻时，随时留意队友移动，你也可以像艾弗森一样，好像头后长了第三只眼睛，回枪倒传。

笨蛋，你忘记使用"背后运球"第一要诀就是先诱敌抄球吗？

3 当对方全身扑向他的右侧抄球时，"闪电侠"左脚跟随向前踏出，稍微减速，把球一拉，从背后运到他的左侧，以"背后运球"轻松突破第一防线。

Allen Iverson

偷天换日

杀到限制区时,虽然前面仍有对方中锋挡路,但右侧也有一队友从45°同时跟进,"闪电侠"急如暴雨的快攻策动,已获得了以多打少的优势。他以美式足球式的横向胸前传球,顺势传向右侧队友,但出手一刹那,手掌却倒钩在球的前侧。

右边队友,注意了!

4

哦,不!是后面。
对不起,说错了。

5

然后向后传去,并非如防守者预期的,传给他右侧的队友。他怎么知道背后还有一个队友跟进?莫非"闪电侠"头后多长了一只眼睛?
非也!当他在图4看向右侧的队友时,余光瞄到后面的队友,而且借着脚步声,算到他的前进位置,于是不偏不倚把球传到他的面前。

传球 PASS

你的传球的确很棒!

队友接到这记妙传,对方的大门已被"闪电侠"踢开,于是毫不客气地杀入腹地。

本招"偷天换日"是艾弗森独创的传球妙招,原理却源自于魔术师·约翰逊成名的"听音辨位"。

我知道我的传球很棒,不需要你来告诉我。

KEY POINT

传球助攻,虽然在账簿上都是一次一次地算,但以欣赏的角度,一个绝妙传球,它的意义往往远超过账面上的助攻数据,它能让队友、球迷的士气大振、血脉贲张。艾弗森的传球创意,已可媲美于一代创意大师"魔术师"约翰逊,但论及唇枪舌剑的垃圾话,比尖酸、比刻薄,恐怕"魔术师"得摇头自叹不如。

Allen Iverson

偷天换日

绰号 / 大狼牙

飞天狼人 加内特
Kevin Garnett

★ 位置：小前锋
★ 身高：2.11米

谁说
高个儿只能打篮下
谁说
长的高，运球就笨
当你眼睁睁看着加内特
全场飞奔
却束手无策时
心里只有一个念头
退休吧

最贵的小前锋

他身高2.11米，这在NBA算是小case，令人怵目惊心的是，他可以从控球后卫打到中锋的位置。

明尼苏达森林狼队的老板，急于让球队变成一只爪牙犀利的大野狼，吃了秤砣、铁了心，硬是以一纸创纪录的全世界最贵的六年一亿二千六百万美元的合约，绑住加内特这只"大狼牙"，比前一年湖人队挖"巨无霸"奥尼尔所花的钱还贵，全世界的人不禁瞪着大眼睛看，这位高中毕业后直升NBA博士班的篮球资优生，到底有几把刷子？

"光头恶汉"巴克利在与加内特对阵过后，曾经无奈地叹道："这个家伙不只是高而已，他的技术跟皮蓬、希尔不相上下，除了卖高单挑之外，传球、助攻、防守、抢篮板球他都能巧妙地利用身高的优势，更不用说他拿手的"扇火锅"了。在我这个年代，高个儿就是打篮下，小个子就做些传球、助攻的事儿，各守本份、互不抢饭碗，咦？现在这世道居然变了！高个子不但可以做矮个子的事，甚至可以做得更好。如果你在球场上碰到的是一个又高、又壮、动作又灵活的超大号小前锋，tell you what，最好皮绷紧一点儿，否则会死得很难看，还好，我已经快退休了，不然的话，怎么还能玩得下去？"

加内特以2.11米的身高打小前锋，就如80年代的"魔术师"约翰逊以2.05米的身高打控球后卫一样，会让守他的人不仅觉得突兀，还会因不知如何守起而导致严重的挫折感，以至于连光头杀手巴克利也产生了归去的念头。

第 18 招 蜻蜓点水

飞天狼人／加内特（Kevin Garnett）

本招使用关键：熟练书前页所附的"青蛙步运球法"

难易度： 初学级 班队级 校队级 国手级 乔丹级

"大狼牙"跑到三分线外，以左手运球，抬左脚向左，做势切入。

光是这个动作，就足以让对手伤透脑筋，在NBA打小前锋的人，平均身高约是2.00米的快脚投手，又因为NBA规定防守战术非打人盯人不可，于是防守时，大致上都是中锋守中锋，控球的找控球的，龙配龙、凤配凤，小前锋当然也是找小前锋。但这下子问题来了，加内特身高2.11米（听说最近已长到2.13米），叫一个矮他10厘米的人守他，防他左右切入还勉强凑和凑和，但对向上跳投的空中防守，那可就会像雷达网故障的天空，任他轰炸了。

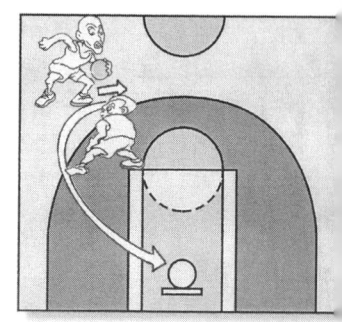

◆ 本招行进图 ◆

如1998年的休斯敦火箭队碰到他时，老将"飞翔人"德雷克斯勒守他累得满头大汗，教练一看不对，脑筋一转，调上巴克利，看看是否可以对他"使坏"一下，但这下子更惨，加内特拉到外围和他单挑，巴克利那老迈的步伐和矮胖的身材一出他拿手的肉搏区，可就如同把一条凶狠的鲨鱼，活活地抓到岸上一般，没辙了！远看就如同一团肥肉碰到一个快腿的大竹竿，更凸显出他身材的缺陷，惨状可想而知。

火箭教头心一狠，干脆祭出镇队大中锋奥拉朱旺来对付加内特，这下子，两人的身高总该差不多了吧。但故事可没那么简单，"奥天王"也只习惯于守那些在限制区内"摇摆"的中锋，虽然偶尔也会碰到如"海军上将"罗宾逊之流的人物，会从外围面对面地发动攻击，但罗宾逊那种插花式的小前锋招式，使来皆显生涩，凭"奥天王"的步伐来应付，绰绰有余，而碰到"加怪物"这种身拥武士刀的配备，超级小前锋身段的高人，结局如何？续看下面图文便知。

1

92 蜻蜓点水

过人 DRIVE

他比奥尼尔值钱吗？人比人气死人。

本招"秀"一下他的"蜻蜓点水"晃左切右招式，你就可以更深刻地了解，这位拥有中锋身材，小前锋身段的"狼人"，为什么叫价如此之高。

来！换本大中锋来守你，免你老是在外面以大欺小。

行，注意喽，我要切左了！

一点就跑！

2

当左脚要着地时，突然加速，重心往左脚一沉，但手掌已倒扣在球的前侧。

作用：这动作是假装加速向左突袭的动作。

Kevin Garnett

蜻蜓点水

防守者不禁左脚悬空，重心移至右脚上，准备移动进行防守，但就在这一刻，"大狼牙"却已快速换手运球往右切入了。

3

呀！好快的身手！

这是什么招式?

换手运球时，脚步是右脚先行往右，左脚跟着大步跨出，抢占往右切的路线。

4

一个毫不拖泥带水的突破，闪过第一关，杀入篮下。

5

过人 DRIVE

别嚣张！我来围堵。

碰到补位者挡路，立即收球，重心全部置左脚上。

6

"大狼牙"展现前锋特有的空中续航力，举球在头，佯跳投，诱使补位者跳起封盖。再如一架大型的B-52轰炸机，在空中越过阻截，继续滑行，向篮筐"轰炸"。

本招使出的节奏是，图1速度慢慢来，让防守者认为"你好像是要往左切"，到图2左脚即将着地时，突然加速，让对手误解你"真的是要往左切了"，才突然换向换手切入。

左脚这一点就走的动作，就好像一只振翅停在空中的蜻蜓，突然在水池一点，立刻换向飞去，只留下那激起的小涟漪，正往外扩散。招式练到纯熟时，它可以点水不沾身，干脆利落，因此名唤"蜻蜓点水"。

这种动作，只有一流的后卫或小前锋才使得出，你叫习惯于在限制区与人推挤的巴克利或奥拉朱旺守这种人，难怪他们叫苦连天。

飞狼冲天！

7

Kevin Garnett

蜻蜓点水

绰号 / 石佛

状元秀 蒂姆·邓肯
Tim Ducan

★ 位置：中锋兼大前锋
★ 身高：2.13米
★ 1997年NBA状元秀

不用探头
往未来看
到20世纪结束前
我
是最后一位高人

20世纪末最后一位高人

NBA从1992年同时出现了"侠客"奥尼尔和莫宁（Mourning）是雄霸一方的中锋人才外，从80年代末到90年代，几乎不见值得一提的中锋好料。

就因为实在闷了太久，以至于当1997年邓肯以中锋兼大前锋之名当起新秀状元时，不少人仍带着怀疑的眼光，不知这位雷声颇大的青春少年，是否又是一个令人失望的长腿软脚虾。

但邓肯新兵入伍第一年，即以实际的战绩向世人证明，"我是一只会咬人的大龙虾！"

1994、1995、1996年大批涌进NBA的新生，个个恃才傲物、特立独行，不是刺青染发，就是满嘴刺耳的垃圾话。但邓肯个性平实、思想成熟，有马刺帮主罗宾逊(David Robinson)的风范。球路中规中矩、不耍花枪，不论进攻、防守都符合"选秀状元"应有的水准。

第⑲招 正向勾魂

状元秀 / 蒂姆·邓肯（Tim Ducan）

本招使用关键： 掌握出手时身体的重心

难易度： 初学级　班队级　校队级　国手级　乔丹级

前面来者，莫非武士道忍者？

◆ 本招行进图 ◆

提防他的武士长刀！

难道你没听江湖人士给我的封号……

1. 运球跳起向防守者逼进，这是施展半勾手的必要条件。
左脚先着地，然后右脚跟进，再左脚跟稍前着地，右肩对着防守者的正面。

正向钩魂

半勾 BABY HOOK

邓肯是一位习惯用右手的人，但他却练就一招以左手出手的半勾(Baby Hook)招式，不仅可以用于正面的对决，在背靠防守者时的左、右转身后，也随时会亮出此招，来终结对手。

防守者一般会把注意力放在对方惯用手的出手点，而用左手出手常有奇袭之功效，况且是用半勾，更是让人应变不及。这犹如当你与一位武士道高手对决，当你提心吊胆地提防着他那把绑在腰际的长刀时，他却"咻"的一声，突然用左手拔出另一把短刀，而且一出鞘，即直攻你的要害，让你含冤而去。

本招邓肯的"正向勾魂"，是当他与防守者面对面单挑时，运球逼进，以正面半勾方式取分。要把此招使得顺、投得准，难度很高，要诀有二：
1. 图1右脚着地后跳起出手时，身体要保持平衡。
2. 左手持球举起时，须练出绝佳的手感。

当防守者也相对逼进防堵时，以右肩稍顶住防守者的身体，有护球之功能，球从腰际举起时，要保持身体重心平衡，向上举球的速度不要太快。

短刀一出，
一勾追魂！

呵呵呵……

3

左手由略弯曲到出手一刹那变成完全伸展、伸直，右肘弯曲架起，顶住防守者。

Tim Duncan

正向钩魂

绰号 / 黑豹

雨人 坎普
Shawn Kemp

★ 位置：大前锋
★ 身高：2.08米
★ 全NBA吼叫声最大的

请
随时留意周围
因为
我无处不在
随时会给你致命一击

100 坎普

形如黑豹，神出鬼没的人

要形容坎普这个人，应该先反问众看官一个问题，你认为这世上，在敏捷度、爆发力、肌肉结实程度和攻击力皆是最上乘，而且是最隐蔽的动物为何？

黑豹是也！

坎普就如一头黑豹一样，速度、爆发力一流，肌肉结实而不粗壮。
当他锁定猎物时，从他锐利的眼神里，射出逼人的光芒，你就该知道——小命休矣！

当你的双臂已如坚固的兽笼铁柱，牢牢把他卡在外围，以为可以稳当抢到篮板球时，先别高兴太早！他永远可以靠他的敏捷和肌肉的爆发力，闪出兽笼，神出鬼没地出现在你前面，摘走篮板球。

当你骗过外围防守者，切入已门户大开的限制区时，先别得意！他永远会让你料想不到地迅速移动过来，以雷霆万钧之势，在空中轰得你眼冒金星，三个月不敢切入。

本秘笈示范"黑豹"坎普最有个人风采的几个招式，其中"幻影旋风步"表现出他上乘的速度与技术；"飞砂大倒挂"和"犀牛照角"两招则呈现他篮下单斗、强攻投篮的霸气；而"嫦娥奔月"却也显露出他诠释招式的美感。

第20招 幻影旋风步

雨人／坎普（Shawn Kemp）

本招使用关键：熟练书前页所附"左右单手运球法"和"转身运球法"

难易度： 初学级 班队级 校队级 国手级 乔丹级

前方，出现猎物一只，跳前扑过去！

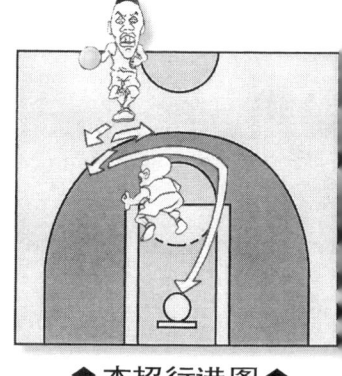

◆ 本招行进图 ◆

"黑豹"一过中场，左脚着地，准备跳前。

使出幻影大法，右！

运球往防守者正面跳起。
目地：要过人，首先就要逼进。
右脚先着地，往右晃出第一个身影。

102 幻影旋风步

过人 DRIVE

坎普,球风狂野豪迈、球路全面、抢篮板、攻外线、切入、"扇火锅"等样样辛辣无比。虽然主打大前锋位置,但比赛一开战,他的凶猛炮火会从球场的任何位置上震耳轰出,甚至在中锋位置上,他的表现也一样不比奥拉朱旺、奥尼尔等天王中锋差。这种用一个可抵五个人的上上驹,绝对是教练们眼中的最爱,因为得此一将,用兵灵活三倍。公牛队老板甚至曾经想忍痛割爱把他旗下号称"天下第二高手"的皮蓬与坎普交换,这大概是形容他的价值最具体不过了。

本招他的"幻影旋风步",从头到尾就是一个"快"字。逼进快、晃动快、转身更是堪称全NBA的最快。犹如一只亮出锐利犬齿的黑豹,迎面扑来,快速在你面前晃出两个幻影,当你还搞不清真假时,他却已如一阵旋风绕着你的身体,转身而过,留下你一对被吓昏的呆滞的眼神。

本招共出了三个假动作:1.跳起右脚先着地晃右;2.左脚再晃左;3.立刻再往右佯切,然后转身而过。

使用要诀:

图4左脚跟进右切,着地要快又沉,如此才有办法像坎普一样,腾空转身过人过得如此干脆利落,不带半点尘埃。

左!

我的妈呀!出现两个身影,他会分身术不成!

左脚紧接着往左又晃出第二个身影。以左脚着地时往地一弹,身影迅速向右移,再如箭头①踏出右脚,左脚如箭头②立刻跟进。

Shawn Kemp

幻影旋风步 103

喂！这是什么妖术？

4 左脚着地后立刻刹车，顺势以身体、左肘护球。
这动作已摆明是真的要向右切了。防守者是明眼人，他整个重心已随着移过来。但是，抱歉！这还是一个假动作。

幻影旋风步

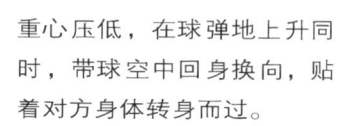

5 重心压低，在球弹地上升同时，带球空中回身换向，贴着对方身体转身而过。

Shawn Kemp

104 幻影旋风步

过人 DRIVE

6

好……快……的身影！

上前围剿！

着地后一看，左侧又来一个拦路土匪。No problem！……

"黑豹"出笼，挡我则死！
白虹贯日！

7

"黑豹"朝天怒吼一声，犹如空谷狮吼，声音直冲云霄，随势飞身扣篮得分。

KEY POINT

此招右手侧面扣篮，左手放直垂下的姿势，原本是"一代球王"乔丹的灌篮招牌菜，坎普使来虽然不如他优雅，但论力道、吼声及气势，却大大胜过乔丹。

坎普刚出道时，被道上人士冠以"大一号的乔丹"，此名称虽不适，亦不远矣！

Shawn Kemp

幻影旋风步

第 21 招 飞砂大倒挂

雨人 / 坎普（Shawn Kemp）

本招使用关键：熟练书前页所附"转身运球法"

难易度：初学级　班队级　校队级　国手级　乔丹级

1

"黑豹"左肘架起，运球向防守者推挤。

运球快速靠过去！

◆ 本招行进图 ◆

2

注意啦！关键时刻到了。

双方身体接触时，眼神盯着中场看，最重要的是当运到手掌时，动作放慢。

目地：

1. 以眼神当假动作，转移对手的注意。
2. 洞悉全场动态，可随时传球。持球进攻者，最忌讳一拿到球，眼中只见到篮筐，闷着头独干。

转身 SPIN

90年代NBA最具攻击力的三大强力前锋首推"大货车"卡尔·马龙、"恶汉"巴克利及坎普。

如只论得分总账，马龙是第一名，他在全NBA的平均得分排行榜，常常是位居龙头之尊（超级得分王乔丹不算的话）。完全仗着一身横肉，搭配NBA第一传球手斯托克顿（Stockton）演出那招最初级的挡拆战术（Pick And Roll），强挡豪夺，犹如一辆大货车，在马路上横着一摆，形成一个大路障，小轿车们个个被撞得哀鸿遍野。

得分效率高，但招式却平淡无奇，毫无新鲜感，犹如结婚七年的老夫妻，就这么一个熟悉的模式。横肉→强挡→得分，过程比邮差送挂号信还精确，甚至准时。但这对于胜负不关己的广大观众，却不禁哈欠连连、毫无兴奋悸动感觉。

而巴克利则刚好相反，他的得分招式技巧，让人耳目一新，犹如那种带着"坏种"的男孩一样，招式五花八门、出神入化。尤其是独门的屁股神功，浑身解数，尽情挥洒，屁劲所到之处，无不为之披靡。而且慢工出细活，不仅满足了球迷的视觉感官，而且让人看得出招式门道，让人血脉贲张，不禁跃跃欲试，想当场学他几招。

但要论起招式的力与美，及个人的灵敏度，则坎普遥遥领先另二位。

以本招他的"飞砂大倒挂"为例，前四图的转身过人动作，威力可媲美NBA转身天王奥拉朱旺的"飞砂走石"，但后四图他身陷篮下重围时，以豹一般的灵敏，飞身杀出，双手倒扣的姿势，就如同一高空跳水的高手，在空中迅速翻腾，入水却不激起半点浪花一样的利落。其力道、美感、速度，放眼当今武林，无人出其右。

右脚转

3

突然加足油门，右脚转向底线。

飞砂大倒挂

4 冲破底线防线,立刻收球,右肘架起开路。

换手运球!

兄弟们!一起把他吞了!

5 虽然漂亮的转身过人到篮下,但仔细一瞧,哇!两只犹如天空盘旋的秃鹰,以为困在篮下的是一只垂死病猫,立刻蜂拥而下,打算来个就地分尸。可惜,错把"黑豹"当病猫,他双手紧扣球,重心压低……

转身 SPIN

哪这么容易?

6

突然以迅雷不及掩耳之速度，双手提球飞起，倒扣得分。
全部过程一气喝成，从图3突然加速转身，到倒扣得分，仅在一眨眼间，完全掌握住防守者瞬间露出的破绽，一击命中。

飞砂大倒挂!

7

Shawn Kemp

飞砂大倒挂

第22招 犀牛照角

雨人／坎普（Shawn Kemp）

本招使用关键： 熟练书前页所附"转身运球法"

难易度： 初学级　班队级　校队级　国手级　乔丹级

咦？好高！
碰到了一头大牛。

怎么，怕了不成？

◆ 本招行进图 ◆

"黑豹"在底线右侧接球，先如箭头①移右脚向后，再如箭头②移左脚往中线，运球向对方逼进，而且是个作势往中间切入的假动作。

1

使出专门对付大牛的绝招，第一式，先往身体靠。

把你顶出去！

当与对方身体接触时，眼睛盯向中场看，以左脚为轴，身体向左肩倾，并让球停在右掌的时间稍"粘"一点。

2

110　犀牛照角

转身 SPIN

在底线右侧使出转身招式，转向底线时，你可以同时收球跳投，也可以保持运球状态。
保持运球状态的招式如上一招的"飞砂大倒挂"，它的好处是保持"活球"状态，不至于万一被围堵在篮下，在不能出手、又没有传球角度时造成失误。
而如果转身之后立刻停球准备跳投，缺点就在已呈"死球"状态、动弹不得，很容易在底线死角处被困而失误。
这如何是好呢？
别急！本招"犀牛照角"即是针对此种情况的"补强"方法。
本招专治当你在底线要单吃时，碰到的对手是一个高你半个头以上的大牛时的制敌药方。

转！

KEY POINT

运球转身过人招式要抓到窍门，除了步法（如图1、图2）要正确外，还要讲究它的快慢节奏。
图1贴身挤靠的两步要快，到图2动作时动作放慢，图3右脚转身绕过防守者这一步则要最快。
节奏口诀：快——快——慢——最快。Understand？

Shawn Kemp

犀牛照角

好快的转身！

本招特色在此图。当转身招式已使尽，却发现人只过了一半，而对方又高出你半个头，如此就勉强出手，恐怕有遭火锅灭顶危险。

转完就投！

4

于是以右脚为中枢脚，举球往上一晃，来个假跳投。防守者虽然身如高山、重如大象，但重心在浮起之时，却是最脆弱、最容易推挤的时候，"黑豹"掌握这瞬间露出的破绽，立刻把全身的气全部运到右肩，运力往防守者的侧面挤出一条生路。
注意是侧面，如往正面挤，那肯定是带球撞人。

可惜！仍转不过我的手掌心。

重心浮起，好机会，趁机挤进去！

5

转身 SPIN

左脚同时跨前，深入篮下。

但碰到如此一只大象般的中锋挡路，当他直直高举双手，却仿佛已盖住了半边天，逼得"黑豹"使出本招最后一式

我靠！真是一头大牛，只好使出……

6

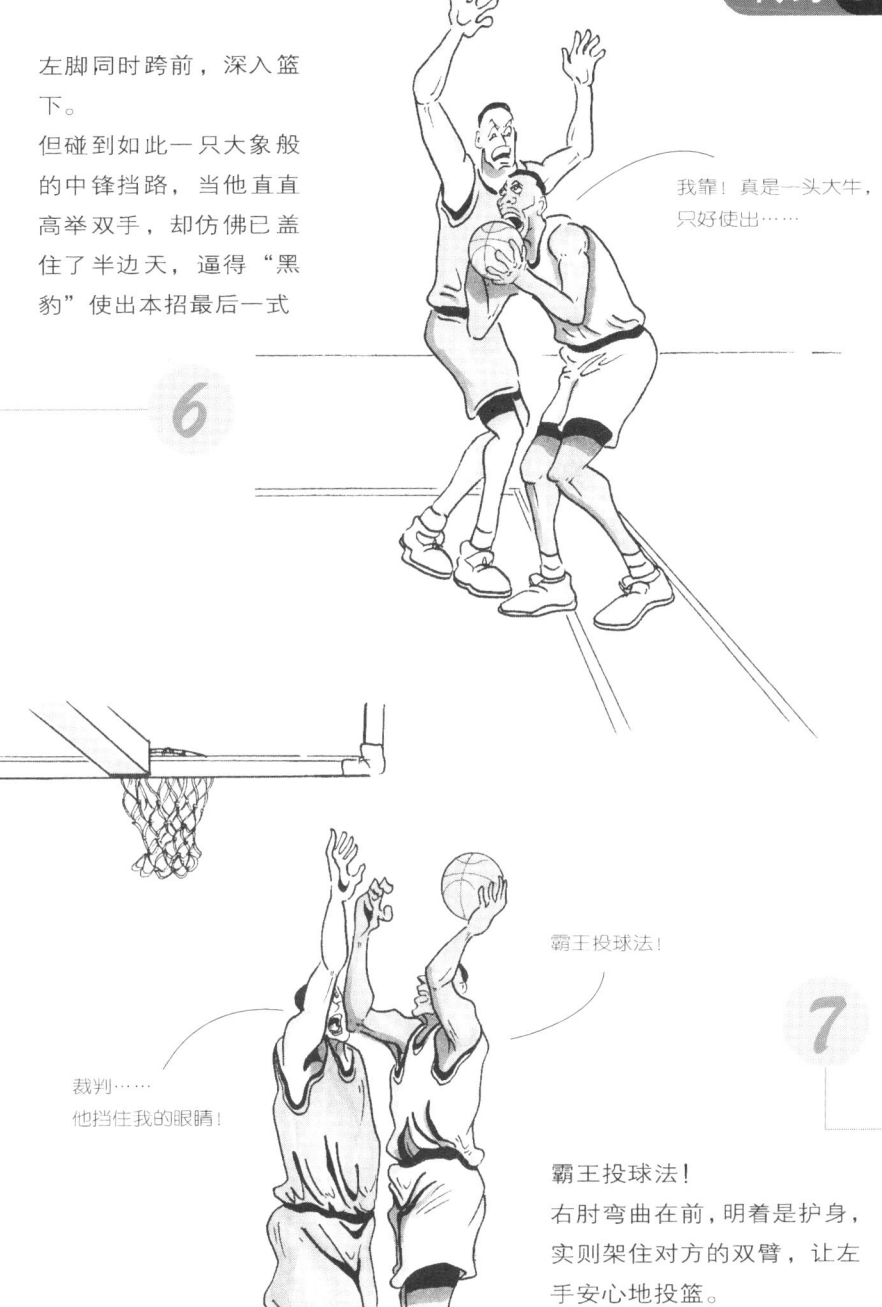

霸王投球法！

裁判……
他挡住我的眼睛！

7

霸王投球法！
右肘弯曲在前，明着是护身，实则架住对方的双臂，让左手安心地投篮。

Shawn Kemp

犀牛照角

第㉓招 嫦娥奔月

雨人／坎普（Shawn Kemp）

本招使用关键：图1，接球同时做出的佯右切动作，是本招成功向左切入的关键

难易度：初学级 班队级 校队级 国手级 乔丹级

"黑豹"在地上左45°角三分线外，伸出左手迎接从中线传来的球，以左脚为中枢脚，接到球时顺势把球拉向右边，佯右切。

在这位置接球，如你打算原地跳投，通常以右脚为中枢脚，接到球后左脚顺势靠到右脚跳投。如你打算切入，则以左脚稍跨前当中枢脚来接球会比较顺。

◆ 本招行进图 ◆

接球就切！

1

因为是以左脚当中枢脚，于是当图1的切右假动作，骗得对手的重心移动后，可以立刻提左脚往左切。

不妙，不是切右！

2

过人 DRIVE

Look！

这位打大前锋的"黑豹"兄，却跑到三分线外单打，这也是坎普最具特色的一点，他无所不在。

本招值得我们学习的地方有二：

1. 从中线接到来球，顺势向右晃，并立刻往左做出切入动作。
2. 切到篮下时，用自己的身体当掩护，挑篮得分。

接球时，心里只有三个念头：1.原地跳投；2.切入；3.传球。

而且要在接球的瞬间，就必须要果断择一，如此不仅能掌握进攻的时机，而且还能让全队的攻势更显流畅、更具威胁。

杀进你家大门！

Shawn Kemp

就因这接球同时做出的切右假动作，当"黑豹"向左侧内线切入时，一直得以保持领先对手半步的进攻优势。

嫦娥奔月

4

一切入限制区，一股肃杀的气氛，立刻扑鼻而来。原防守者仍紧追不舍，左侧又扑来一人夹击，加上对方的中锋也迅速移到篮下准备守住最后一道关卡。

"黑豹"一看四面楚歌，局势甚险，立刻跨出右脚当中枢脚，准备收球。

放肆！三面包夹……

把重心压得极低，左脚再往前跨，让背部朝对方中锋。

目地：以身体护球。

笑话！让你们包得住，我"黑豹"岂不浪得虚名！

5

如一只超音速火箭，从地平面笔直窜起，速度快到当对方中锋回神过来时，他已飞在无际的天空。

6

7

在确定已无任何怪手会来拦截时，在空中开始调整重心投篮。然后身体几乎是骑在对方的身上，右手挑篮得分。

本招从接球做出假右切动作，到如此美妙的挑篮姿势，整个过程充分掌握第一时间，连过三人。他得到的不仅是记分板上多添的两分，同时也得到了全世界的赞叹。

第24招　雨人/坎普（Shawn Kemp）
A式轰炸

本招使用关键： 算准对方的出手时机

难易度： 初学级　班队级　校队级　国手级　乔丹级

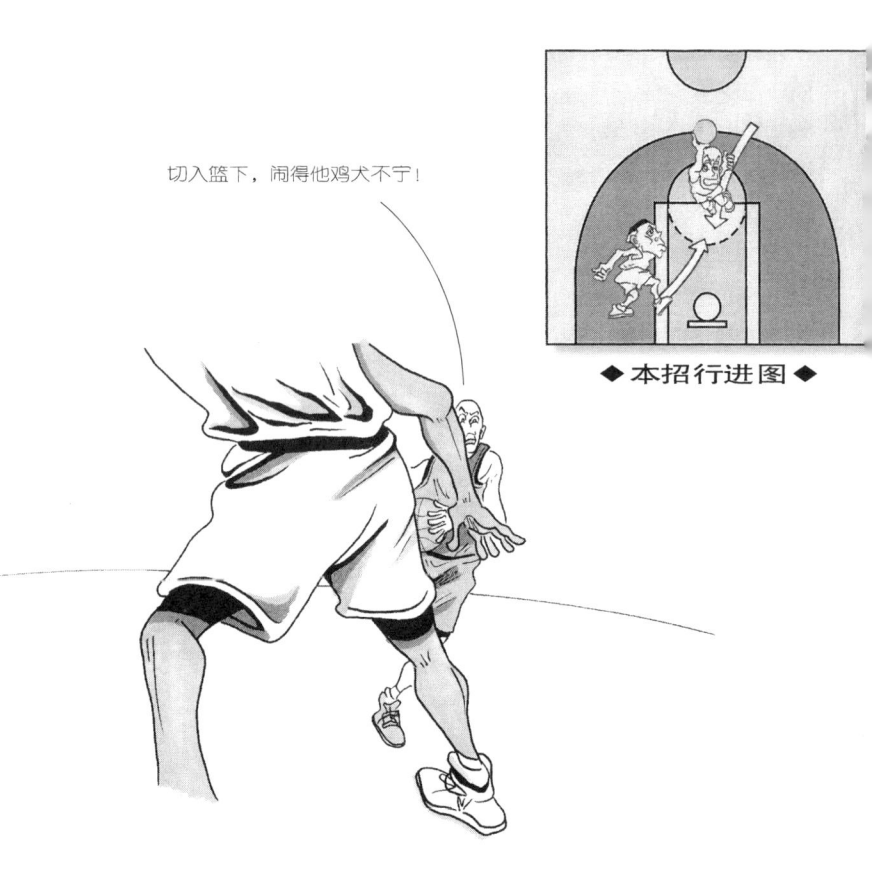

切入篮下，闹得他鸡犬不宁！

◆ **本招行进图** ◆

1 进攻者运球杀到罚球线附近，一见这头霹雳黑豹在前，心头自是为之一震。

封盖 BLOCK

看过排球的A式快攻吗？

当举球手把球往上托起时，身旁同时窜起一个黑影，在球未升到最高点时，一只如大椰头的大手，迎空一劈，只见球呈椭圆状向地重击弹起。

这种在排球场上最令观众拍案叫绝、也最令对手满脸豆花的情景，常常在篮球场上也可以欣赏到。受害者不计其数，个个如寒天饮冰水——凉到心头，而且通常会染上一种手脚发软的后遗症。日后出手投篮时，一看坎普在前，就脚底冒汗、手脚发软，不战而屈人之兵。坎普对阵的气势已达兵家之最高境界。

盖火锅第一要诀：抓对手"出手点"。

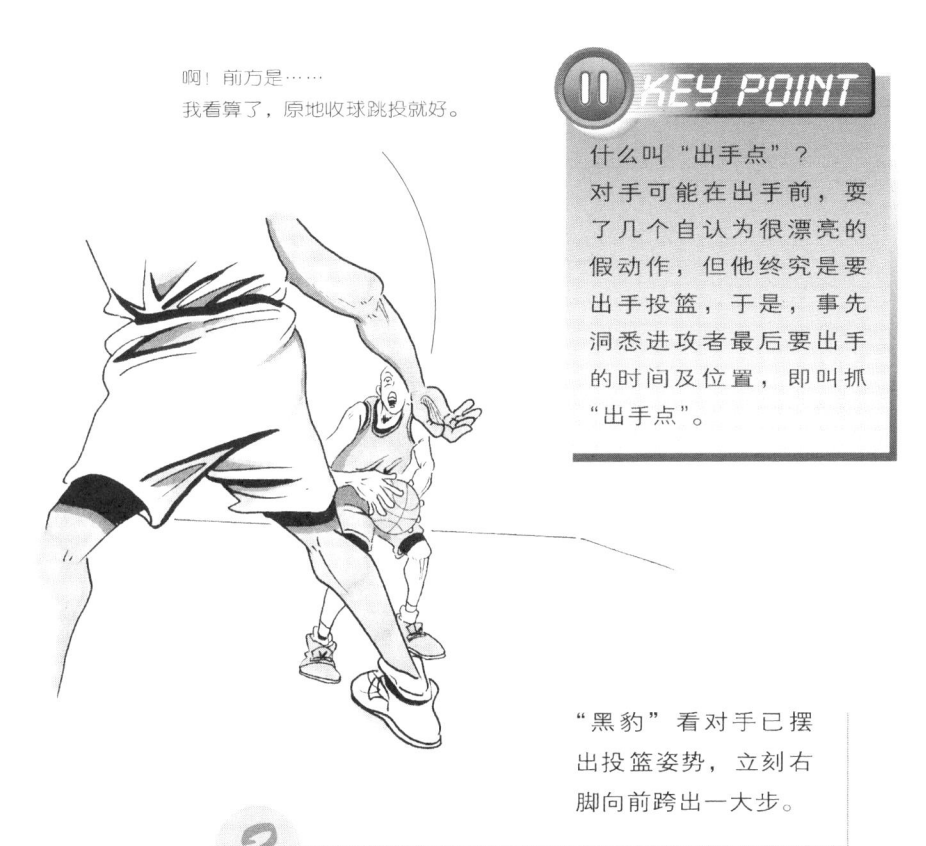

啊！前方是……
我看算了，原地收球跳投就好。

KEY POINT

什么叫"出手点"？
对手可能在出手前，要了几个自认为很漂亮的假动作，但他终究是要出手投篮，于是，事先洞悉进攻者最后要出手的时间及位置，即叫抓"出手点"。

Shawn Kemp

"黑豹"看对手已摆出投篮姿势，立刻右脚向前跨出一大步。

A式轰炸

算了？我看很难喔！

当对手举球作势跳投时，重心压低，左脚跟着移到右脚旁，眼睛盯着球看，不能稍一风吹草动即轻易飞起。因为这个时候，对方的出手位置是抓到了，但出手时间可尚未确定，他可能在原地先晃个假跳投，诱你跳起再出手。So……

没错，就是现在！

看准对手身体刚跳起离地那瞬间，才是"黑豹"决定跟着从地跃起之时。

Shawn Kemp

A式轰炸

封盖 BLOCK

Bingo!!

5

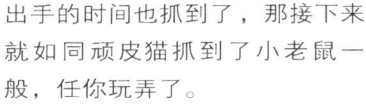

出手的时间也抓到了，那接下来就如同顽皮猫抓到了小老鼠一般，任你玩弄了。

"黑豹"对付敌人绝不手软，以招牌霹雳火锅大餐侍候。把正往上升起的球，一掌打向遥远的天空。这种血淋淋的火锅，如同一阵暴风雨，足以完全浇熄对方整队的战斗气焰；也像一场大火，燃起己队必胜的熊熊火光。

而决定一场比赛的胜负因素，七分靠实力，三分可是靠斗志，坎普这种绝活，你说值不值钱？

当然，抓"出手点"需要一点天赋的直觉，但平常仔细观察对手的出手招式及习惯，却是关键。

嘭！！！

6

Shawn Kemp

A式轰炸

绰号 / 买单人

手套 佩 顿

Gary payton

★ 位置：控球后卫
★ 身高：1.93米
★ 1995~1996赛季全NBA"最佳防守奖"得主
★ 1996~1997赛季最佳防守五人之一

想从我身边溜过？
请便吧，但是……
抱歉！
把球留下，当买路钱！

佩顿

长舌捍卫战士

此长舌男刚踏入NBA篮球最高殿堂时，人小气不短，曾对外放话说："像我和'魔术师'约翰逊此等才气的球员，十年只能出一个。"

话听起来实在刺耳，不知气死多少魔术迷，心想："'魔术师'约翰逊是何等人物，你算哪一颗蒜，竟厚颜拿自己跟'魔术师'相提并论。"

春去冬来几回过去。
他缴出了一张成绩单，1995～1996赛季独得NBA"最佳防守球员奖"，"最佳防守五人阵容奖"则几乎年年榜上有名。他用"事实"叫这些人闭嘴！

原因就在于他防守时，犹如一只八爪章鱼，任你使出浑身解数，左晃右骗，他的身影永远多你半步，在前面等你出招，永远多出一爪，将球从你身上抄走。

本书传授他三招抄球秘招，妙用无穷。进攻招式则以他的独门"佩氏大挪移"最犀利，能学到此招之精髓，则难千万人，吾往矣！你将可大声放话："Who can stop you！"

Gary Payton

佩顿 123

第25招 五爪神功

手套 / 佩顿（Gary Payton）

本招使用关键：事先洞悉进攻者下一步的路线

难易度： 初学级　班队级　校队级　国手级　乔丹级

1 敌队刻意制造在篮下"打点"的单打机会，让高他一头的后卫，篮下卖高硬吃。

◆ 本招行进图 ◆

嘿嘿！不好意思，以大欺小。

进攻者向中路运球，做出一个向"买单人"左侧假切动作，诱使他向左移。

抢断 STEAL

"漂亮的进攻,赢得观众,但扎实的防守,赢得胜利。"

球赛是比胜负,而不是比谁打得漂亮。于是"防守优先"的观念,几乎已变成NBA的主流,而这观念的最高目标即是在敌方未出手投篮前,即瓦解对方攻势。

尤其是抢断,它往往是摧毁对手斗志的一大利器。一次抢断成功,代表的不仅是对方丧失一次得两分或三分的机会,而且这个时候也是己队快攻的最佳时机,得分成功率超过八成;加上抢断成功,造成两军战斗意志敌消我涨,因此一次的抢断,贡献度约四分,这一点儿也不夸张。

而抢断高手佩顿,一场比赛拿下三次,那是家常便饭,他是如何做到的?

本招"五爪神功"是当对方顶着鼻头近身逼进到几乎可以嗅到腥人口臭时,他回应对方最干脆的一招。

方法:在对方尚持球在腰际、未举起球投篮之前,使出"五爪神功"一掌劈下,毁掉进攻的招式。

大欺小……
我是那种可以大欺小的人?

兄弟,
你找错对象了!

他是向左移一点了,但是当进攻者右脚向底线外翻迈进时,"买单人"却早已看穿他要使什么招式,同时又向右移。

事先洞悉进攻者下一步的路线,是佩顿的防守秘方。

Gary Payton

五爪神功

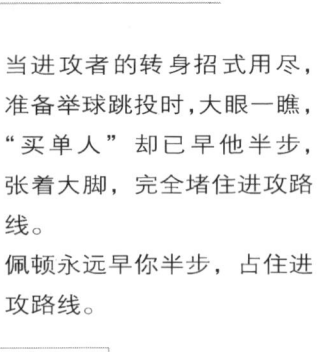

当进攻者的转身招式用尽，准备举球跳投时，大眼一瞧，"买单人"却已早他半步，张着大脚，完全堵住进攻路线。

佩顿永远早你半步，占住进攻路线。

哼，死鸭子嘴硬！

尝尝我的五爪神功。

当碰到对手在篮下，紧靠着你准备跳投时，通常教练传授的标准防守姿势，即如图4"买单人"这般：
1. 身体打直。
2. 手臂高高伸直，不可前倾。
然后等待，不，应该是祈祷，保佑对方跳起时，手臂或身体会自动跑来，碰到他不动的身体，而导致失投。

这观念一点儿也没错，但要是对方是高你一个头的人，那可就不妙了，结果往往是睁眼看球进，那可就变成坐以待毙。

而"买单人"当然不可能坐以待毙，他用的是"积极防守"——先下手为强，在对方尚未举球时，五爪一出，先出手打掉球。

抢断 STEAL

一掌打死你！

$%¨&*$#@&……

6

7

抢断得逞，立刻发动快攻，你说这来回不是差了4分。

KEY POINT

但提醒众看官，这种"五爪功"极易被判打手犯规，因此使用时应保持三原则：

1. 出手要快，让对方措手不及。
2. 出手要准，瞄准球心打。
3. 打了就跑，如此纵使不小心也打到手，但只要你的"五爪"打得漂亮又干脆，而且迅速离开"犯罪现场"，死无对证，犯规可是裁判吹了才算数。

Gary Payton

五爪神功

第26招 夺命双刀

手套/佩顿（Gary Payton）

本招使用关键：对手运球刚离开手之际，即是出手抄球最佳时刻

难易度：初学级 · 班队级 · 校队级 · 国手级 · 乔丹级

Gary Payton

"买单人"重心压低，犹如一只沙沙作响的响尾蛇，仰头盯着对方眼睛看，全身重心大部分放在右脚上。

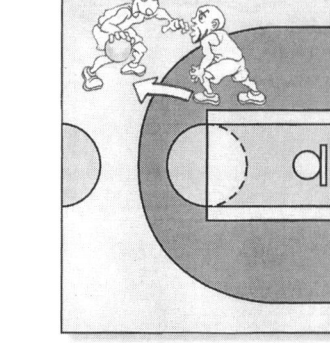

Come on, baby!

◆ 本招行进图 ◆

抢断 STEAL

通常篮球教练会一本正经地如此传授防守观念："挡住他的进攻方向，不要轻易出手抄球。"

原因在于一旦出手抄球不成时，立刻会露出破绽，让对方有机可乘，权衡得失，还是少抄为妙。

话说得很有道理，但如果你是立志要角逐全NBA"最佳防守者"的最佳男主角，却心存这种多做多错、不做不错的消极防守态度，则肯定是如寡妇死了儿子——没指望了.。

要想当真正一流的防守者，你非得主动出击，给对方压力不可。

让"一代抢断快手"佩顿传授你一招又可抄球又不露出破绽、攻守兼具、鱼与熊掌皆得的方法。免得你抓鸡不成，反失一大把米的老本。

本招佩顿的"夺命双刀抄球法"，出招的关键在于，掌握最佳时机。

何时是最佳时机？

当防守者运球的手指正离开球时，即是出招突袭最好的时刻。

球正要离手，出手时机来了！

当进攻者右手向地面运球，手指正离球时，"买单人"左脚迅速向球的方向，大步跨出。

夺命双刀

进攻者却也相当机灵，一看"买单人"这成名的"怪爪"突袭，立刻把球一带运开，让他的怪爪扑空。

但注意此时"买单人"双脚张开的角度，是正面对着进攻者，彷佛一张大网先罩向对方，再伸手抄球，如此纵使抄球不成，却仍然把对手"网"在他的看守范围。

没那么容易啦！

这就是佩顿这招攻守兼备抄球法的奥妙处。

一般习惯用右手的人，抄球时往往也会用右手去抄，但佩顿却用左手抄球，这好处有三：

1.离球比较近。

2.保持身体正对进攻者。如此纵使抄球不成，也不会因此露出半边破绽，而右手抄球，却是背向对方，危险程度，可想而知。

3.请看下文。

趁虚切入！

抢断 STEAL

行！但是……
把球留下！

这便是本招的"精髓"处。
右肘以看似"顺势"的样子，架住对方的左臂。
所谓"顺势"者，即是让裁判在瞬间以为你不是"抓住"对方，但实际却有"扣住"对方的效果。这时左手再出手抄球，那就手到擒来了。不过这些中了佩顿暗箭的人，通常是立刻跑到裁判面前，又吵又闹地哭诉。

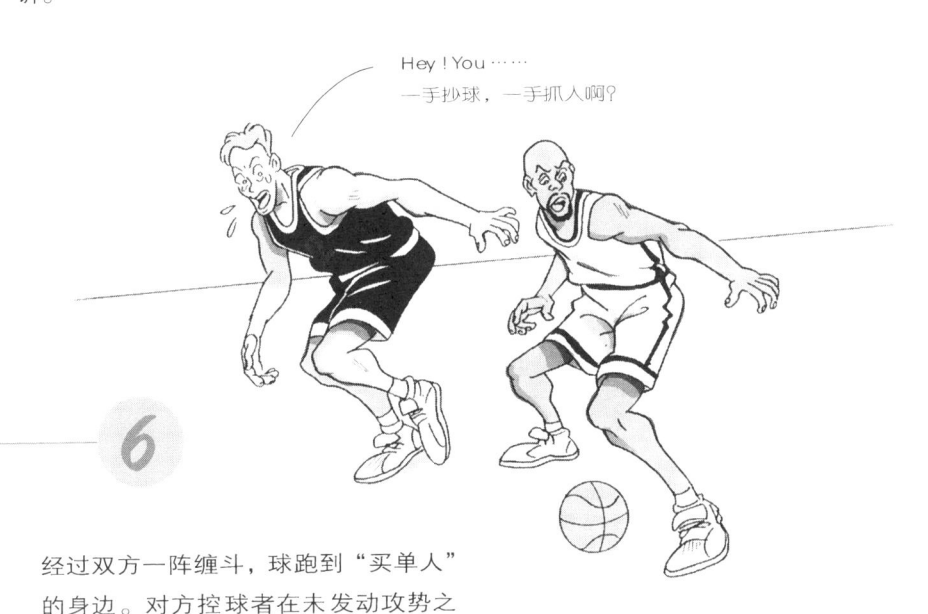

⑤

Hey！You……
一手抄球，一手抓人啊？

⑥

经过双方一阵缠斗，球跑到"买单人"的身边。对方控球者在未发动攻势之前，已被他一人毁掉了进攻权。

Gary Payton

夺命双刀

第27招 三步陷阱抄球法

手套/佩顿（Gary Payton）

本招使用关键：设下陷阱后，在对手传球的同时，起步向前抄球

难易度： 初学级 班队级 校队级 国手级 乔丹级

传球者以双手胸前传球方式，传到队友的前一步，让队友可向前跳一步在空中接球，这是标准的传接动作。

1

传到队友前一步地方。

嘿嘿，鱼儿上钩了！

1　2　3

传球位置

抢断 STEAL

当队友不处在空当的情况时，你传球的原则：
让队友接球时，可以很容易地顺势制造进攻的机会。
方法：传到接球者的前一步。
让队友向前跳一步接球，以逼进防守者，如此队友接球后，不管要切、传或者原地跳投，都更具攻击性。
于是，当你要对站在45°的接球者进行抢断时，你与他保持的最佳距离，应是三步左右。
原因：
1.距离够远，让传球者误认为传到接球者的前一步，没有被抢断的威胁。
2.当传球者做出传球动作的同时，你要向前跨出两步，大约正好可以伸手捞到来球。
这种在三步之距所设下的抢断陷阱，就犹如一个拿着鱼叉的猎人，站在河中不动，然后等待鱼儿自动送上门来，再给予致命一击。

但这却也掉入了"神偷手"佩顿闻名的"三步陷阱"。"买单人"在传球者做出传球动作的同时，也往前冲出。

抄！

Gary Payton

三步陷阱 抄球法　133

两步后的伸手处应和接球者向前跨一步的接球处交会在一个点上。

而这点，即是此"三步陷阱"所预设的抄球点。

但抢断者必须往前移动两步，才能到达这"抄球点"，因此抢断者必须在传球者做出传球动作（球尚未离手）时，即事先起脚往前冲出一步，才能与对手同时或比对手先抵达"抄球点"。

所以事先洞悉传球者的传球意图，乃是否能完成一次成功抢断的关键所在。

糟！中了"三步陷阱"的圈套。

抢断 STEAL

看见了吗?
这就是我一年赚美金一千两百万元的原因。

4

一击命中,立刻展开快攻。
诱敌传球,半途拦截,在对手未出手投篮前,即瓦解对方攻势,然后反守为攻。佩顿得此"最佳防守人奖"封号,绝非侥幸。

Gary Payton

三步陷阱抄球法

第 28 招 佩氏大挪移

手套 / 佩顿（Gary Payton）

本招使用关键：熟练书前页所附"左右单手运球法"

难易度：初学级　班队级　校队级　国手级　乔丹级

1 第一步，右脚往正前方稍右处，向防守者突然逼进。

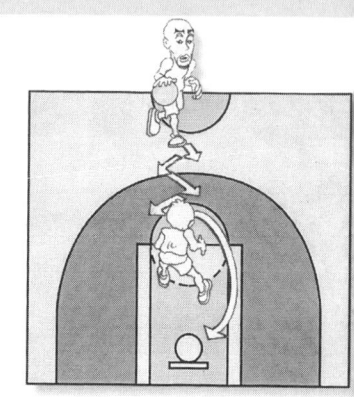

◆ 本招行进图 ◆

Jimmy！小心我这招"大挪移"。

喂，别乱叫！
我的名字不是Jimmy！

Gary Payton

136　佩氏大挪移

过人 DRIVE

本招是佩顿最具个人风格的过人招式，总共踏出六步，前五步全都是虚招，过程却只在一眨眼间，犹如一把芭蕉扇，往你脸上劈哩叭啦连续打了五个耳光。当你随着芭蕉扇的韵律晃了五次，正是头昏耳鸣之际，他才端出实招，换手切入。

而佩顿使出本招时，因为动作特别大，姿势确实到位，速度又快，尝过此招滋味者，无不当场身首移位，因此得名"佩氏大挪移"。

要学本招，建议你彻底把"单手左右运球"，练到如盲剑客闭着眼睛球都不会脱手的程度时，则自然能水到渠成地领悟到本招的精髓处。

最怕基本运球功力太浅，却硬要小孩玩大车，小心不要落得人晃球不晃、手晃球不见的窘状。

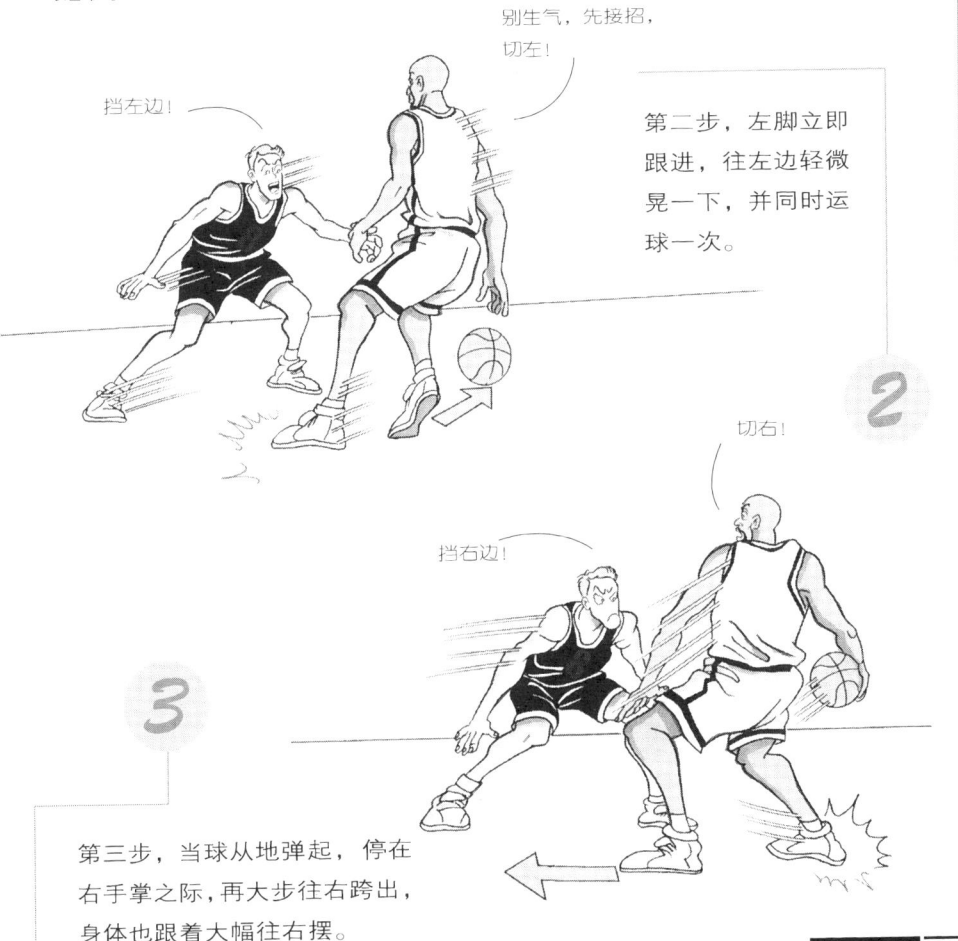

别生气，先接招，切左！

挡左边！

第二步，左脚立即跟进，往左边轻微晃一下，并同时运球一次。

切右！

挡右边！

第三步，当球从地弹起，停在右手掌之际，再大步往右跨出，身体也跟着大幅往右摆。

佩氏大挪移

回挡左边！

再切左！

4

第四步，再往地运球，左脚又大步往左跨，身体也大幅度往左晃。

第五步，跟图3的动作一样，又再重复一次，只是动作更大，而且球弹起与手掌接触时，顺势往上提，让球粘在手掌的时间加长。
然后做本招最关键的一件事：等待！
What ?!

Jimmy！再来右边。

右边就右边，怕你不成！

5

过人 DRIVE

6

乖！莎哟娜啦……

第六步，等待已被他晃得东倒西歪的对手，当他再晃过来时，即是出实招、下毒手的时机。

方法却是万变不离其宗，用最基本的运球动作：换手过人运球。

佩顿此招"佩氏大挪移"之所以一出招，就风云变色，如刮大风下大雨般。原因除了前五步大幅度左右晃动身体和球的假动作让对方疲于奔命之外，可怕的地方还有在图3、图5处，他也可以随时把左脚靠到右脚，立即急停跳投。而用这个方式跳投得分的人，不是别人，正是"一代球王"乔丹是也。别急！这在《乔丹篮球宝典》有更详细的说明。

7

你为什么一直叫我Jimmy？

那是我家小狗的名字，因为你跟它一样讨人喜欢，叫左往左、叫右就来右！

▌▌ KEY POINT

本招难防，就在于对手要防左右切入，还要提防随时可能出现的上下暗箭跳投攻击，这造成对手离他远一点或近一点都是同样结果，死路一条。

Gary Payton

佩氏大挪移

第29招 山羊开泰

手套 / 佩顿（Gary Payton）

本招使用关键："熟练"平行滑步"和以肩膀占位的要诀

难易度： 初学级　班队级　校队级　国手级　乔丹级

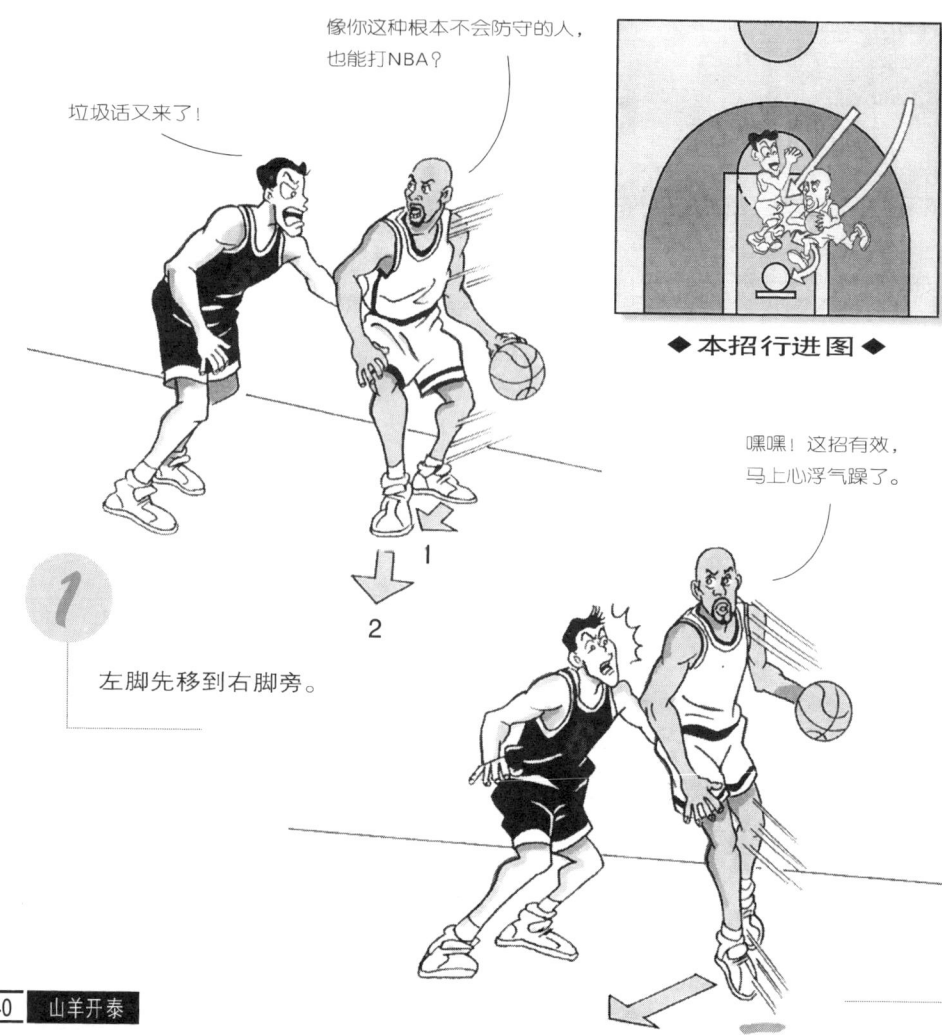

◆ 本招行进图 ◆

像你这种根本不会防守的人，也能打NBA？

垃圾话又来了！

嘿嘿！这招有效，马上心浮气躁了。

① 左脚先移到右脚旁。

140　山羊开泰

过人 DRIVE

90年代在名将如云的超音速队，身拥绝技、名号响叮当的人虽然一大堆，但有了佩顿操盘控球组织攻防战术，才使各山头们团结一心，让超音速队真正变成了一头火热的"超速"雄狮。

原因除了佩顿在攻守纪录上辉煌的战绩之外，他控球时脸上散发出的那股吃人不吐骨头的逼人气势，凝聚了球队所需要的"信心"，让队友在临场对阵时有一股"一定会赢"的气势，而这种心理，往往是决定胜负的关键所在。

佩顿这种"吃定你"的气势，不仅在分球时显现出来，在碰到一对一的"单挑"中，更是表露无遗。

本招"山羊开泰"即是他在单打时，以他单薄的身躯，强行硬吃肉团的招式。

方法是：借势使力，羊角开路。

图1~图4，"买单人"以"平行滑步"向篮下运球切进。

所谓"平行滑步"又叫"螃蟹移动"，它是标准的左右移动防守步伐，但也可运用于进攻招式中，移动步伐如下四图：

想要我闭嘴是吗？

左脚先着地，并立刻大步跨出右脚。

3

2

然后平行跳起运球。

Gary Payton

使用时须掌握两点要领：
1.边运边看。
看什么？
看防守者跟着你移动的步伐视机换招；也看全场队友的置及移动，一有空当随时可收招传球，不过这只能用余看。
2.忽慢忽快。
本招前三步运球节奏是移一步运一步，步调放慢，让对方防守移动跟着慢，到图4右脚跨这一步，则突然加速，让方措手不及。

哇啊啊啊！！！
如何？我偏不闭！

但一看对方移动迅速，仍然挡了"买单人"一半的切入方向，这下可好，逼的他使出独门的"山羊开泰"绝招。
右肩使劲前倾，刹那间化成一只横眉竖眼的公羊，他的右肩彷佛变成公羊头上的羊角，直朝对手的侧面顶过去。
不过这一顶，可要掌握两个原则：
1.半顶半推。
借着对方移动的方向，顺势顶过去，而且动作要看似"顶"又像"推"。
2.不可朝对手正面顶。
以上两原则缺一不可，否则八成立刻讨来"带球撞人"的哨声。

敢骂我？顶你！

过人 DRIVE

利用"顶"出来的一点小空隙，举球向上，以防被对方的铁砂掌把球打下来。

6

耍狠？看我的五爪神功！

嘿，打不到！

看到没？
现在了解为什么像我这种人，
十年才能出一个了吧？

KEY POINT

佩顿身体虽然瘦小，但在犹如拿刀相砍的肉搏战中，却是从来见血不眨眼的火辣。
因此奉劝各位"书生们"，不管你天生多么温文，多么儒雅，但是在篮球场上，如果你想成为一个人见人怕的球员，那么就暂时把"斯文"放在家里吧。
打球不带那么点呛味，往往就少了那份威胁感。

向前冲出跳投，不仅会得到两分，而且还会让对方中了不轻的内伤。

7

Gary Payton

山羊开泰 143

绰号 / 扑克人

一号杀手 杜马斯

Joe Dumas

★ 身高：1.92米
★ 梦二队之一

警告你
千万不要凭我的表情
来判断
我是否要向你下毒手
因为
我永远是这张
扑克脸

一位没有巨星气息的篮球巨星

1989和1990两年,当气焰高涨,不可一世的底特律活塞队手刃"东西双霸天""魔术师"约翰逊和"大鸟"伯德所撑起的湖人及凯尔特人,脚踩"飞天神牛"乔丹的公牛头时,全世界的焦点是该队的控球主帅——托马斯,只见人人歌颂他急如闪电的控球技术和见缝穿针的传球技巧,少见有人提起球风殷实的大功臣——杜马斯。

但,无论荣辱杜马斯永远是一张扑克脸。

90年代中期,当活塞队在家道中衰败五六年后,又开始重新成为A级列强之一时,杜马斯在球队扮演的是一位稳定军心、传授经验的老功臣,但大家谈来谈去的却是该队那位"人气"直逼乔丹的玉面书生——格兰特·希尔,他仍然得不到镁光灯的照射,

可杜马斯依然是那张一号表情。

不过,躲过了球迷的注意,却躲不过篮球教练们雪亮的眼睛,当他入选梦二队时,也已肯定了这位没有巨星气息的篮球巨星。

是好汉,永远不会被埋没。

第30招 欲退故进

一号杀手 / 杜马斯（Joe Dumas）

本招使用关键：熟练"平行滑步""胯下运球法"

难易度：初学级 班队级 校队级 国手级 乔丹级

注意，出招了！

咦！"平行滑步"的起手式！

◆ 本招行进图 ◆

1 右脚向右跨，运球右移。

你怎么知道？

2 左脚靠到右脚旁，并向右跳起，但步伐放慢，尤其当球处在手心时，刻意让球粘在手上稍久一点。

跳投 JUMP SHOT

个性内向，不善言辞，不制造话题，这种球员在NBA，通常都比较吃亏。
明明十八般武艺样样精通，个人的攻守战绩也相当耀眼，却得不到新闻媒体关爱的眼神。
杜马斯就是一个如此闷着头干的超级巨星。
原因主要出在他的个性，喜怒不形于色，纵使是终场前胜负易位、猪羊变色的一记制胜球，只见大家高兴得又叫又跳，但似乎仍然无法激起他一丝兴奋的表情。
加上球风中规中矩，说一不二，绝不耍花招。可是球路不花哨，就不抢眼，不抢眼就没人疼爱。不过要学到正版的篮球招式，杜马斯绝对不会让你失望。
本招他的"欲退故进"，是当他在中线运球单吃时，惯用的平行滑步后跳急停跳投招式。乍看没什么了不起，整招过程用了一个"平行滑步"和"胯下运球"，没有咄咄逼人的气势，却会让人莫名其妙地被吃，是一个以小欺大的实用招式。学了它，让你多了一个可以轻松在高个子面前跳投的招式。
图1到图3即是向右移动的"平行滑步"基本步伐，跟上一招佩顿所使的"山羊开泰"前半部运球切入的步伐，是同样的原理。

败在此招的人不计其数，我这老江湖，岂会不知！

左脚如图2箭头①先着地，右脚如图2箭头②突然加速，再平行向右跨。

Joe Dumas

欲退故进 147

好！我右切。

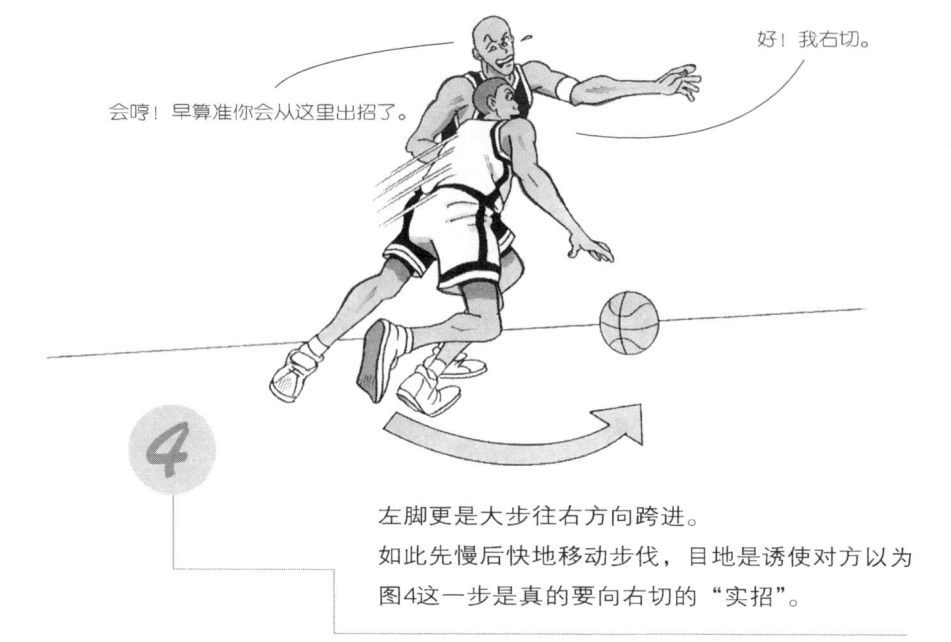

会哼！早算准你会从这里出招了。

左脚更是大步往右方向跨进。
如此先慢后快地移动步伐，目地是诱使对方以为图4这一步是真的要向右切的"实招"。

这么得意，那这一招呢？

但左脚着地后，突然刹车，胯下换手运球到左手。

跳投 JUMP SHOT

并立刻向后跳一步,着地同时摆出跳投的标准姿势,准备跳投。

6

这……喂,这不行啦!

第一时间起身跳投。

7

所以啊,话不要讲得太满。

⏸ KEY POINT

本招全部过程,即是先踏着基本功"平行滑步",诱使对手重心跟着移,再突然来个急停"胯下换手",左手接球时,顺势往后跳,着地立刻起身跳投,让对手措手不及。

Joe Dumas

欲退故进

绰号 / 危险小子

大三元高手 贾森·基德

Jasson Kidd

★ 位置：控球后卫
★ 身高：1.93米
★ 毁灭杜克大学三连霸梦想的主事人
★ 1994~1995赛季NBA"新人王"

最危险的人
是看起来最不危险的人
因为
他让你失去
警戒心

扮猪吃老虎

在1992~1993年美国大学NCAA赛季，当由惟一入选梦一队的"学生王子"莱特纳和目前人气冲天的格兰特·希尔领军的"篮坛魔鬼"杜克大学连获两次NCAA冠军后，正意气风发地朝三连冠迈进时，却一手毁在这位身高仅1.93米、长像一点儿也不危险的英俊小子——贾森·基德手里。

"魔术师"约翰逊评论道："贾森·基德的价值在于他能通过传球来控制整个比赛的节奏。"

讲得具体一点，他在场上头脑清楚，知道该如何组织全队进攻、瓦解对方的防守，知道在最适当时机传球给最适当的队友。他控球的风格有如行云流水，让整队进攻呈现出"顺畅"的风貌。

最让人印象深刻的运球切入招式，是他那好像边上篮边丢铁饼的"凌波微步"。放眼整个NBA，能把此招耍得如此潇洒而又管用的，仅此一人。

第 31 招 凌波微步

大三元高手 / 贾森·基德（Jasson Kidd）

本招使用关键："熟练"背后传球""

难易度： 初学级 班队级 校队级 国手级 乔丹级

◆ 本招行进图 ◆

从右侧运球快攻，左侧另一队友从左侧同时空切。

1

施展"踩莲轻功"！

佯传 FAKE PASS

1994年的NBA选秀大会，排名第一位的状元是"大狗"格林·罗宾逊，第二名是贾森·基德，格兰特·希尔仅居第三。

贾森·基德以屈屈1.93米的身高，貌似乳臭未干样，却获如此排名，恐怕是史无前例。而他也没让专家看走眼，1994~1995赛季，跟希尔一起夺得该年NBA的"最佳新人"。

他长得一副友善的娃娃脸，常常让对手误认是到球场做"善"事的，但往往在比赛后，却让人直想当场撞墙。

这就如把一只青蛙丢到一锅热滚滚的水中，它会极力挣扎跳出；但把它丢到冷水里，再慢慢加温煮沸，它却安然而去，原因就在它失去了警戒心。而基德最常干这种"扮猪吃老虎"的事。

本招是基德切入上篮佯传欺敌的招牌绝活。

方法：
左脚踏出上篮第一步的同时，右手持球假装背后传球，引开对手。

上篮第一步的左脚踏出同时收球在腰际。

嘿！这娃娃脸，看似很好欺负的样儿。

Jasson Kidd

凌波微步　153

左脚着地，右脚正要踏出的同时，右手持球往后一转，作势背后传球。
本图是本招成败的关键，要诀有三：
1. 靠对手的左边切，让他必须移动防守。
2. 后摆伴传动作要大，速度不用快。
3. 盯着对方眼睛看，余光向左侧瞄一下，明显"暗示"要传给右侧队友。
怎么瞄？这……很难耶！
建议：对着镜子做出"暗示"的欺骗眼神，练习10分钟，即可抓到窍门。

你看过人家掷铁饼吗？

扯什么？

让我teach you a lesson！

背后传球？！这是小学功课嘛！

借着持球后摆的反弹力，跨出右脚。

154　凌波微步

佯传 FAKE PASS

当防守者发现这是佯传动作时，由于失去了重心，已来不及回防。

没错！但是假的。

如何？信手一挥，你就自动闪到一边凉快去了。

于是空出了大门，轻松挑篮得分。

KEY POINT

基德在上篮的第一步和第二步，步伐极为轻松，体态甚是轻盈，犹如一武林轻功高手，脚踏池中莲叶飞奔而来。迎敌时，不以为意的长袖一挥，对手却立刻自动乖乖闪到一边。要练到如此功力，其实并不太难，不过可要在旁边有队友跟着切进来，否则耍半天，也没人理你，对方就会钉在原地等着吃你的火锅。

Jasson Kidd

凌波微步

绰号 / 电脑猫头鹰

猫头鹰 范·艾克塞尔
Nick Van Exel

★ 位置：控球后卫
★ 身高：1.85米

我的传球
经过电脑精算过
我的眼睛
来自猫头鹰
所以
千万不要痴痴等待我的
失误

失误最低的控球手

范·艾克塞尔的控球风格大胆刁钻，助攻传球却犹如经过电脑精细地计算测量过一样，准确无误。

当敌队撒下密不透风的防守网，好像一团乌云盖住月光，把大地笼罩得一片乌黑、伸手不见五指之际，范·艾克塞尔那对如猫头鹰的双眼，却瞳孔放大，散发出微弱却锐利的眼光，看清全场动态，准确无误地把球送到空当球员的手上助攻得分，犹如猫头鹰在黑夜里捉老鼠一样，一扬翅即爪到擒来，无所遁形。

控球后卫最主要的任务是助攻，但球要经他之手传来传去，因此最忌讳他的无谓失误，造成敌队快攻反击，这最伤己队士气。

于是有人发明一数据公式来评论控球后卫的价值，即所谓的"助攻／失误"，助攻，反映该控球手的攻击火力，失误则是最致命的软肋，两者相除，代表一名控球手对比赛的操盘能力。

而范·艾克塞尔在这比率中是全NBA的第一名。

他曾在连续四场比赛、总上场时间共120分钟内竟然只出现两次失误，得花整整一小时才等得到他一次掉球，此等纪录恐怕前无古人，后无来者。

第32招 牵牛吃草

猫头鹰 / 范・艾克塞尔（Nick Van Exe）

本招使用关键：牵牛往左吃草的步伐，即"青蛙步运球法"要熟练

难易度： 初学级 班队级 校队级 国手级 乔丹级

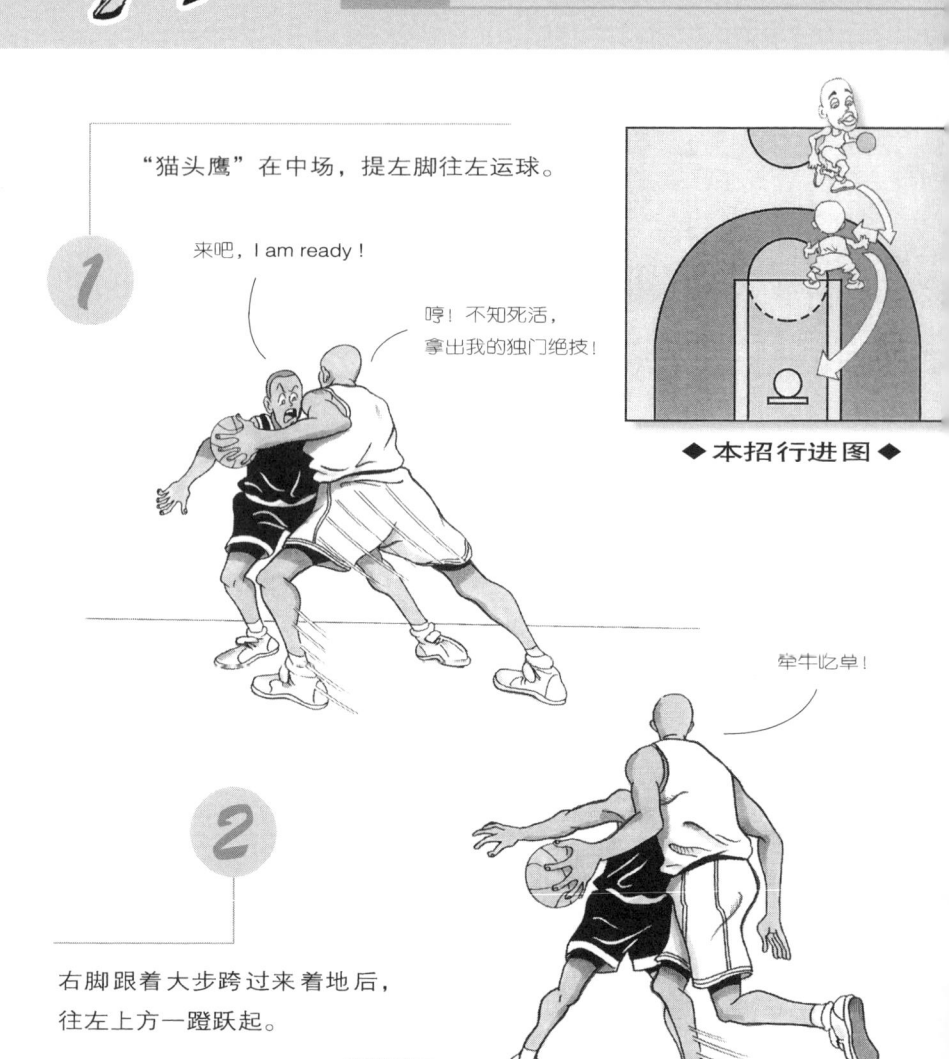

1 "猫头鹰"在中场，提左脚往左运球。

来吧，I am ready！

哼！不知死活，拿出我的独门绝技！

◆ 本招行进图 ◆

2 右脚跟着大步跨过来着地后，往左上方一蹬跃起。

牵牛吃草！

158　牵牛吃草

过人 DRIVE

你虽然没有牵牛吃草的经历，但可以想像得到，一头千斤重的大牛，为什么能被一个小牧童牵着走？
当它身体最脆弱的鼻子被扣上绳索牵动时，它也只能乖乖地跟着走。
对！就是这道理，过人的要诀也是如此。运球要过人时，你首先要让对手移动身体，造成重心偏移。而要诱使对方移动身体，最简单的方法就是，运球往他身体旁边移动，他自然就如鼻子被牵着，乖乖地跟你走过来，以阻挡你的切入路线。

范·艾克塞尔在中场控球时，最常用的一切入招式，就是以左手运球，往左牵着对手鼻子走。当对方心不甘、情不愿地跟着移动过来时，嘿嘿！他身体如被条绳索系着，突然往相反方向一抖，让这条大牛因恐牛鼻遭受伤害，乖乖地顺着他移。就在这瞬间，范·艾克塞尔却提脚往左切入得逞，此乃本招"牵牛吃草"的方法。

说的精彩动人，但如要跟范·艾克塞尔一样，把这招使得自然流畅，把牛牵得随心所欲，关键在这牵牛的移动步伐。详看以下图解，便知其中窍门。

注意这一跳，要往对手身体逼进，在空中停留时，眼睛全程观察对手的动态。
此时，防守者这条大牛已被迫移防过来，但心里却提防着"猫头鹰"着地后可能突然变向右切。

注意啦！要出招了。

Nick Van Exel

3

牵牛吃草

4

着地再一抖。

这个动作是本招成败关键,右脚着地的同时,右肩突然往右一抖,假装变向右切。

这个动作可让大牛又惊又喜。惊的是,动作如此之快;喜的是,他早有提防这招"换向牵牛鼻",毫不考虑,刹车换向移动。

就轻松地把你甩一边。

5

可惜,百密一疏,"猫头鹰"等待的,其实就是这一刻。逮到机会,提左脚往左切入限制区。

过人 DRIVE

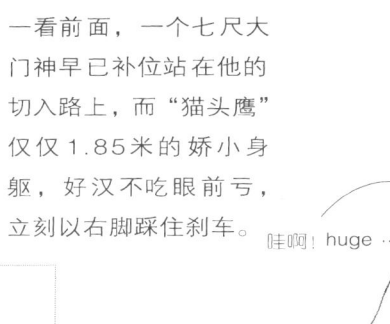

一看前面,一个七尺大门神早已补位站在他的切入路上,而"猫头鹰"仅仅1.85米的娇小身躯,好汉不吃眼前亏,立刻以右脚踩住刹车。

嘿嘿,有胆来啊!

哇啊!huge……

好汉不吃眼前亏,急停跳投!

左脚靠到右脚处,急停跳投,让对方补位的大门神措手不及。

KEY POINT

此急停跳投动作要使得顺畅,只要把书前页的"运球急停跳投法"多练几次即可。

Nick Van Exel

牵牛吃草　161

第 33 招 蝙蝠展翅

猫头鹰/范·艾克塞尔（Nick Van Exel）

本招使用关键：掌握以前臂轻推对方的力道和时机

难易度：初学级 班队级 校队级 国手级 乔丹级

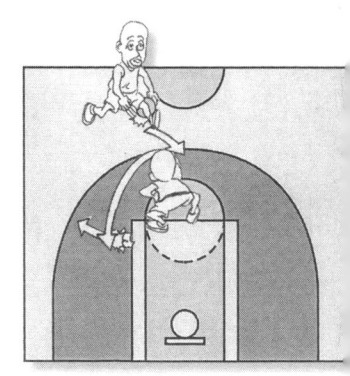

◆ 本招行进图 ◆

跳前逼进！

1

以右手运球，往防守者跳起逼近，双脚离地，约与肩同宽。

跳投 JUMP SHOT

范·艾克塞尔以"牵牛吃草"招式对付对手的频率之高,有如每天吃的三餐一样多,但为什么屡试不爽,一点儿也没有因为运用过频,而被对手洞悉切入方向的迹象?
原因出在他运球往左跳起滑步后(如图2、图3),不是一成不变地往左切,他有另一在此时突然变个花样往右切的招式,即本招"蝙蝠展翅"。一左一右交互使用,让防守者几乎无破解之道。

所谓"几乎无破解之道",意思是很难守住,但仍然有一丝丝希望。

希望在哪里?

当他向你跳起逼近时,赶快向后退半步,离进攻者远一点,就不会被过得太难看。

但是,"蝙蝠展翅"的功用,也就在这种"好像已成功过人,又好像没完全摆脱掉对手"的状况下,更能显现出它"临门一推"的神效。

如下图解,便知其中奥妙。

蝙蝠展翅!第一式……

你就只会往左切嘛!

突然双脚如蝙蝠扬翅般一张,往地运球,胯下而过,换到左手运球。

Nick Van Exel

蝙蝠展翅

3

着地后，以左脚之力，再往左前方跳起，诱使对方重心跟着移过来。

喔，是吗？

蝙蝠展翅！第二式……

你看，又是向左切，太没格调了吧！

右脚先着地，左脚再往左大步一跨，佯左切。

要看这佯切动作是否逼真、确实，关键在于右肩需前倾对向防守者，重心在左脚，右膝略弯，脚底离地。最重要一点，因这是个佯左切动作，所以左手掌要置于球的左侧，以便换向右切。

4

跳投 JUMP SHOT

那就换右边!

糟!快后退!

5 突然换向右切的动作,虽然干脆利落,但对方也相当机警,连忙向后退,勉强跟得住"猫头鹰"的脚步。这即是所谓"看似已成功过人,却又好像未完全摆脱对方"的情形。

裁判!推人啊!

6 这即"蝙蝠展翅"的精髓动作。左脚前跨后,立刻踩刹车,左前臂在身体往前移的同时顺势往对方腰部"轻轻"一推。

蝙蝠展翅

KEY POINT

因为是顺着对方的前进方向推,所以只要"轻轻地、温柔地"用力,即可造成防守者瞬间的重心偏离。千万不可用力过重,否则纵使逃过裁判的法眼,万一把对方顶出火气来,当场对你发飙动粗,你可要有心理准备。

一推后立即刹车往后跳,右脚先着地,左脚跟着落于右脚旁(如图6箭头处),双脚弯曲,以此前"轻轻一推"所换来的空当,立即起跳出手。

有……吗?
我离你那么远。

比较各路控球名家的传球风格

"魔术师"约翰逊的传球龙飞凤舞，犹如关公耍大刀，很酷。但大刀也常常伤及无辜，失误不时会出现，但瑕不掩瑜。人类是一种可爱的动物，一旦沉迷于某人，也只愿意记忆他美好的事情，而忽略他的缺点。

NBA助攻王斯托克顿(Stockton)的传球风格则不禁让人想起印度诗人泰戈尔说的："天空未曾留下翅膀闪动的影子，但我已飞过。"船过水无痕，不起风、不起浪，却静静地创下了NBA史上助攻的最高纪录。很平实，但也很遗憾，因为他的球风挑不起人们那颗受到社会压抑、急欲嘶声呐喊的心。

贾森·基德(Jason Kidd)的球路则如加州的太阳，热情奔放、自由挥洒。人的本性是希望无拘无束的，却自己发明一牛车的规矩套住自己，做茧自缚，但从基德的身上可得到激情与解脱。

艾弗森如德州小野牛，出招狂野不羁、急如闪电，不在乎传统法则，一切尽其自我。

范·艾克塞尔虽然没有显赫的经历，但他身兼"魔术师"约翰逊的创意和斯托克顿的效率，加上他一手犀利的三分远投能力，"巨无霸"奥尼尔在篮下需要他的猫眼传球，也需要他的三分火力，迫使敌队拉大防守圈，让"奥大柱子"之流在篮下有更大的挥洒空间。他在湖人队，原本算是适得其所，可惜他犯了"控球后卫"的兵家大忌。

打这位置，最好先领悟一句深具哲理的话，"要使自己成功，先塑造朋友成功"。方法是——传球助攻第一，得分次之。纵使身拥三分神投功底，但你还是得让队友先表现一下，尤其队里有一个继乔丹之后，最有掌控比赛能力的奥尼尔，正在篮下苦巴巴地等你喂球时，千万不可求其次，轻易在外围发冷箭。

这道理很简单，只因大家都深信"离篮筐越近，命中率越高"。所以当你在三分线外得手时，队友只会带着"侥幸"的笑容拍拍手，而不会认为那是赢球的正途。可是当你太轻率地投篮失手时，喔喔！那事情可搞大了，换来的可是满堂抱怨声。

这意思也不是说，当控球后卫的就不能表现三分远投功夫，就以爵士队的斯托克顿为例，他的远投功夫可是NBA数一数二的高手，但他却永远在等待，等待当卡尔·马龙或其他锋线已无法负起球队攻坚的重任时，他才站出来，放手大砍外线。这时三分得手，队友把他当偶像来崇拜，万一失手呢？猜猜会发生什么严重后果？Nothing！大姑娘想放个屁，都还要分期付款呢！

控球后卫拥有三分远投功夫，不是罪恶而是一把利剑，但使用的时机可是一门学问。成也萧何，败也萧何！不服气？只有一条路，走人！

绰号 / 粉红豹

欧洲篮球先生 库科奇

Toni Kukoc

★ 位置：小前锋
★ 身高：2.10米
★ 号称欧洲第一神投手

当我
发射欧洲长程导弹时
你最好
别在篮筐正下方闲逛
因为
那里是弹着点

是好汉，永远不会被埋没

头戴"欧洲篮球先生"头衔的库科奇，远渡重洋从克罗地亚到篮球最高殿堂——NBA，并且加入的是全NBA最强的队伍——公牛队。

但睁眼一看公牛队的先发阵容：1.乔丹（全NBA第一高手）得分后卫；2.皮蓬（梦之队的常客）小前锋；3.罗德曼（全NBA第一篮板王）大前锋；4.朗利（身高2.16米的粗壮中锋）中锋；5.哈珀（速度、弹跳力、外线投篮、控球能力皆一流）控球后卫。

天啊！竟然已无他容身之地，在未加入NBA之前，他曾三度获选为欧洲年度最佳球员，龙头大哥一下子变成了公牛尾巴。

但我说过，是好汉，永远不会被埋没。几年下来，他挣得了一个蛮有意思的头衔——"最佳第六人"奖，这头衔让人五味杂陈，吃起来嘴巴甜甜的，实则心里酸酸的。你可以说他是全NBA先发五人除外，最厉害的第六人，但如果一想到堂堂欧洲篮球王子，竟然在NBA一支球队排不上先发前五名，似乎有点那个……就看你如何去想。

对于库科奇，他是不满意，但还勉强可以接受。

本书节录他的"旁敲侧击"是小前锋切入招式，"八仙过海"则是大前锋底线单吃招式，"流风回雪"则表现出得分后卫的三分神投功力。库科奇全然是每一位置都有那么一手。

"最佳第六人奖"这奖项，可不是街头随便一家便利商店可买得到的。没有具备他如此全能的功底，再加上随时可以加温待命上场的天赋，可别想挣到此荣誉。

库科奇　169

第 34 招 旁敲侧击（左手式）

欧洲篮球先生 / 库科奇（Toni Kukoc）

本招使用关键熟练书前页所附的"变向运球法"

难易度：初学级 班队级 校队级 国手级 乔丹级

1 面对面运球推进到离对方约一步半的距离，左脚前进的方向是往对方左侧走，诱使对方移动进行阻挡。

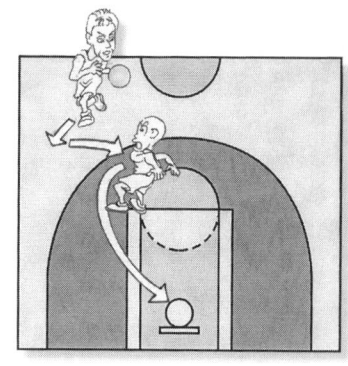

诱他重心跟我移。

◆ 本招行进图 ◆

2 突然加快速度，右脚向右跨，但着地立刻踩刹车。

嘿嘿！踏入我的陷阱了。

别跑！

170 旁敲侧击

过人 DRIVE

库科奇承袭了典型的欧洲篮球风格,身材高瘦,没速度、没弹跳力,也谈不上爆发力。球风温吞,就如丈母娘挑的女婿一般,不花哨,但很实在。

要他切入,他可以一个脚印一个步,按步来,照样杀到篮下得两分。要他投三分篮,那可是他最厉害的绝活,在任何角度出手,都可以画出如彩虹般美丽的弧线,命中你老巢的心脏篮内。

本招"旁敲侧击"是他最常用的一面对面个人单打招式。

方法:

说穿了很简单,把球往左带,再突然变向,换手往右切。

但要使得干脆、过得漂亮,则须掌握其中几项使用要诀,请看下文图解。

主菜上桌!

3

并提左脚,换向往左一蹬,左肩并往左一晃。

这动作是本招的关键所在,防守者在图1时,是被你引诱着往左移,但在图3时,你的突然换向运球,他的重心势必仓促跟着移。而本招的关键,也只是在制造这个时机而已。

旁敲侧击　171

4

右脚再往右跨进，并换手运球到右手。

我的妈呀，原来是切这边！

我的招牌招式"旁敲侧击"，没听过吗？

过人之后，立刻收球三步上篮。

5

过人 DRIVE

右脚着地是上篮的第二步,也是三步上篮最重要的一步。这一步着地时,应把握三点要诀:
1. 脚掌要很实在地接触地面。
2. 重心压低,如此才跳得又高又稳。
3. 留意旁边是否会飞来横祸,阻挡你的上篮,并立刻视情况,决定用什么招式应付。

还好他不会飞,出手时抓他下来。

KEY POINT

库科奇已经练就了左、右手运球,都能使出本招,而且只要是同对手面对面地单打,他八成祭出此招牌招式,这似乎太浮滥了一点。
招式如宝剑,偶尔用之,削铁如泥,重复用之,生锈如狗屎。
道理很简单,只要他用右手运球,就防他左切,他用左手运球,就防他右切,本招立刻当场破解。

谁说欧洲来的就不会飞?

一看移过来补位的对手,甚是高壮,颇具威胁,这时候最好以灌篮硬碰硬的方式取分,球不进肯定还可以讨个犯规罚球。
Hey man,我灌不到篮耶!
只好挑篮罗,不过记得架起你闲着的那只手来护球。

旁敲侧击　173

第 35 招 欧洲篮球先生/库科奇（Toni Kukoc）
水银泻地

本招使用关键：熟练书前页所附的"转身运球法"

难易度：初学级 班队级 校队级 国手级 乔丹级

欧洲第一高手……你够格吗？过的了我"德国第一高手"再说吧。

◆ 本招行进图 ◆

左手往地运球，右肩前倾。

1

No problem！注意，出招了！

左手把球运起同时，身体往前跳起，向防守者挤。
注意：是"挤"不是"撞"。

水银泻地？快退！

2

174 水银泻地

转身 SPIN

库科奇刚加入公牛队时,对外放话:"我可以打控球后卫位置。"
他大概已屈指算过,打中锋不够高,打大前锋不够壮,其他两位置是乔丹和皮蓬的萝卜坑,根本无可替代,想先发就剩控球后卫了。
但打这位置,人家却嫌他太高了!
这时库科奇可要抗议了:"'魔术师'约翰逊可以2.05米的高度打控球后卫,为何我不能以2.10米胜任此位置呢?"
可惜,高了5厘米并不代表能力一定跟着强5厘米。虽然高度越高传球的视野越好,但这位置可是全队攻守的发动机,库科奇这方面的能力显然不能让教练完全放心。原因最主要是他的传球失误率偏高,令人提心吊胆。
不过要是放牛吃草,让他 1 on 1,那他可就神气多了。本招他的"水银泻地",转身动作虽不像NBA"转身天王"奥拉朱旺来无影、去无踪的"闪电侠",但他球路柔中带刚,犹如电影《魔鬼终结者》中那位见火即化的外星战警,一接触,即化成无孔不入的液态金属,从你的指缝间流窜而过。
转身的招式虽然多,但有一个原则是不变的:进入有效的攻击范围再出招。
这有效范围通常是在限制区内,让你一转,篮筐就在眼前。但如果你接球时离限制区太远,却又想用转身招式,该如何?
本招前4图,即是他带球先挤到限制区的方法。

Take it easy!
时候未到。

再往前跳起!

3   4

动作如图1、图2,但图4运球
跳起时,眼神往对方的右侧看。

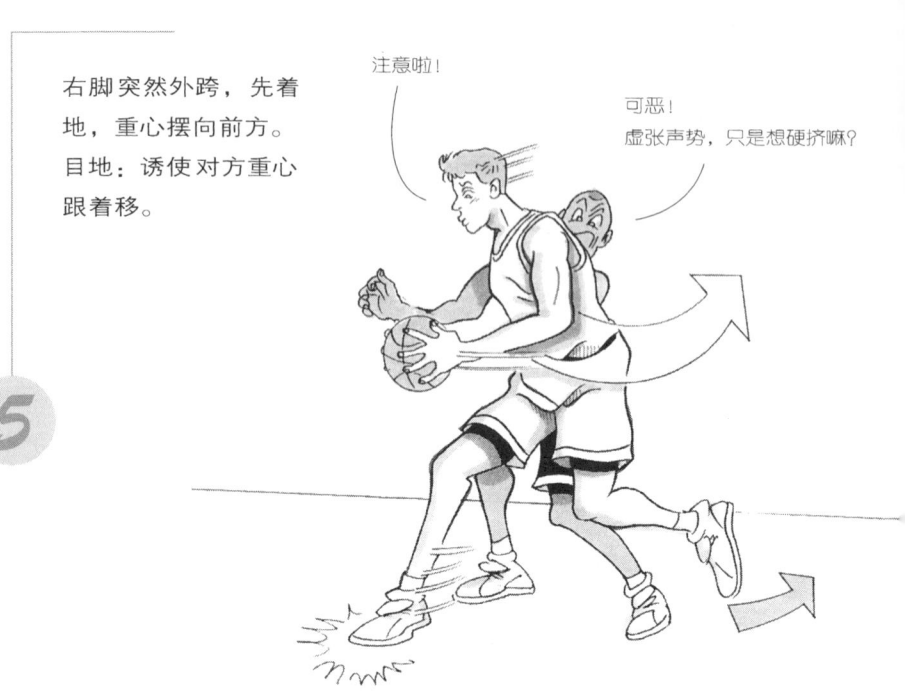

5 右脚突然外跨，先着地，重心摆向前方。目地：诱使对方重心跟着移。

注意啦！

可恶！虚张声势，只是想硬挤嘛？

6 左脚则立刻紧靠对方身体，往限制区转入。

八仙过海！

转身 SPIN

糟！

右脚跟着转进，完成一个完美的转身过人动作。

7

Toni Kukoc

KEY POINT

本招使用的要领简单地说是利用球弹起之力顺势带起，以随时可能发动"水银泻地"当掩护，趁机往前挤进，当挤入限制区时，才突然出招，让对方措手不及。

篮筐就在眼前，就任你高兴如何"秀"两分了。

8

左手灌篮！

水银泻地 177

第 36 招 流风回雪（左手式）

欧洲篮球王子 / 库科奇（Toni Kukoc）

本招使用关键：熟练书前页所附的"同边跳投法"

难易度：初学级　班队级　校队级　国手级　乔丹级

1 左手胯下运球，换到右手。
目地：混淆对手的防守重心。

Hey，兄弟！
麻烦把你家的篮筐加个盖，行吗？

◆ 本招行进图 ◆

178　流风回雪

跳投 JUMP SHOT

库科奇最利的一把刀是他的三分神投功夫,而他的跳投姿势应属"三分宗师"大鸟伯德门派的,这派系外线跳投姿势的特色是:
1. 出手点在头后处。
2. 不太跳。
3. 投球弧度高。

因为出手点隐藏在头后,所以不容易被扇"火锅";因为不太跳,所以出手快,让人防不胜防;因为投球弧度高,加大了进球角度,所以命中率增高。

而且,他是以2.10米的身高投三分球,防守他的人更是不容易封阻盖,加上队里出了一个常常被对手"人海战术"包夹的超级大镖客——乔丹,于是他只要游离在三分线外,球会自动送上门来,并在没人理的情况出手得分。Easy shot, easy score.

正因如此,他在公牛队凸显出他三分神投的功力,但也因为实在太幸福了,他无法表现出单打独斗的真本领。

别急!本招他的"流风回雪",马上可以证明他在三分线外自己制造空当,出手得分的能力。

注:因本招和米勒的"流风回雪",原理同样是"前跨后跃"的急停跳投招式,只是左右脚动作相反而已,因此有左、右手式之分。

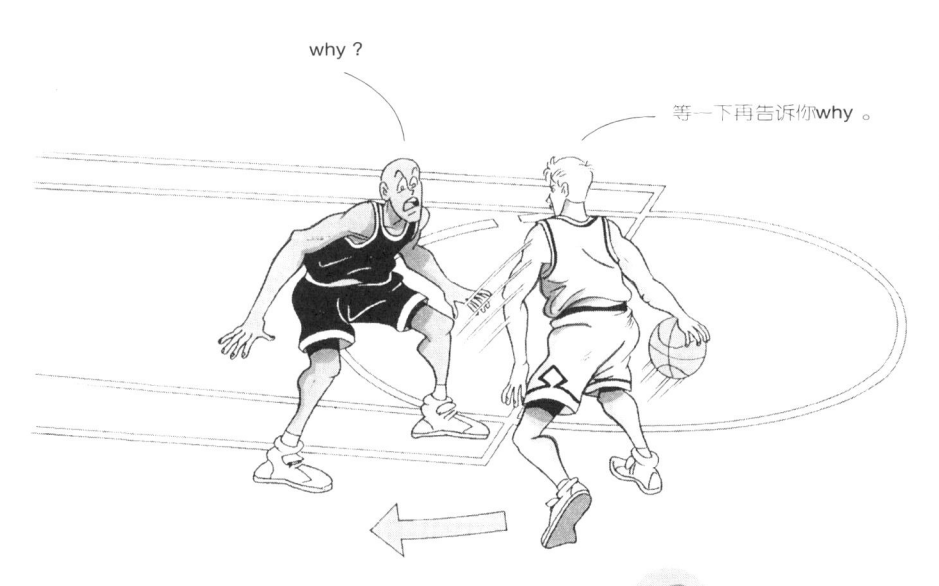

Toni Kukoc

why?

等一下再告诉你why。

2

球运到右手时,让球粘在手掌的时间久一点,重心放在右脚上。

流风回雪

突然左脚往左跨，右手运球，假装往左带，但当球从地弹起时，右手掌却扣住球往回带。
目地：引诱对手的重心往右倾。

3

左切！

就知道你在故弄玄虚。

流风回雪！

4

右脚再顺势往后跳一大步。
目地：拉大彼此的距离，以便跳投。

左脚也迅速拉回到右脚旁，重心压低放在右脚上，并摆出跳投的标准姿势。

过人 DRIVE

5

糟，他跳出了三分线外！

篮筐不加盖，我的远程导弹，可是加装红外线配备的。

6

Toni Kukoc

KEY POINT

本招诱敌关键在图3的动作是否确实，但投篮命中率要准确。重点在图4、图5、图6当身体往后跳回时，回拉球经腰际再举球出手投篮。整个动作不应该有停顿，随着双脚跳起的助力举球，再经由手指和手腕之力将球投出。
这感觉是一气呵成的。

流风回雪

绰号 / 轰天雷

火锅天王 穆托姆博

Dikembe Mutombo

★ 位置：中锋
★ 身高：2.18米
★ NBA火锅天王
★ 1996～1997年
"NBA最佳防守球员"得奖人

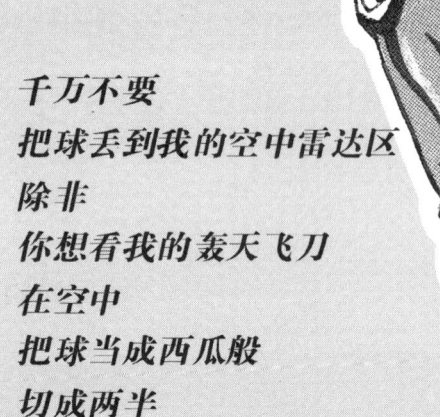

千万不要
把球丢到我的空中雷达区
除非
你想看我的轰天飞刀
在空中
把球当成西瓜般
切成两半

如来佛的手掌

当你切入到限制区时,如果你看到"火锅天王"穆托姆博站在前面,千万不要以为他离你三步以外就可以安心跳投了,他的超广角空中雷达网绝对能锁定任何一个侵入的圆形光滑物,并能在半空击落它。

出身于专门盛产"中锋"的佐治亚大学,这所大学所出产的中锋名将,随便举一例皆可以让人暂停呼吸,"大金刚"尤因、"早晨杀手"莫宁(Mourning)等皆是。

他最令人咬牙切齿的绝招,是那"空中打小鸟"的"火锅"技巧。

要知道,能在NBA里混日子的各路英雄好汉,他们可都是万里挑一的上上驹,球场上的"面子",意味着他们最敏感的自尊。而被"火锅",却是最让他们颜面扫地的事情。偏偏穆托姆博的独门特长,就是专门干这种事。不只如此,当受害者突遭怪手盖顶,面红耳赤之际,却见他趾高气扬,生怕别人没看到似的,在你面前或当着现场转播的镜头摇晃他的大手,很挑衅、也很明白地告诉你"内有恶犬,闲人勿进"。

第 37 招 火锅天王 / 穆托姆博（Dikembe Muto[mbo]）
打蛇随棍上

本招使用关键：随着对手的韵律动

难易度： 初学级　班队级　**校队级**　国手级　乔丹级

未必见得！
使出"平行移动步"对付。

抱歉，先走一步了！

◆ 本招行进图 ◆

1

进攻者发动攻势，往"轰天雷"的右侧切，这时"轰天雷"千万不可如箭头①所示和进攻者的切入方向呈垂直状移动，那一定当场讨得一个"阻挡犯规"。但如果如箭头②方向，和进攻者的切入方向平行移动，则尚有机会赶上进攻者。
因为空手移动，总比进攻者运球移动的速度快一些。

封盖 BLOCK

俗话说："打蛇打三寸。"
意思说得很明白，尽管蛇是多么的凶猛、难缠，但离头三寸的位置是全身最脆弱的"罩门"，一被抓到"重点"，它立刻乖乖束手就擒。
相同道理，想要盖别人火锅，你也必须知道对方的"罩门"在哪里？这个"罩门"，就是指对手习惯的投篮"出手点"。
投篮者可能在出手前做出几个欺敌出手的假动作，其中只有一个是真的。
本招穆托姆博的"打蛇随棍上"，即是教你如何随着进攻者的韵律移动，并在瞬间判断出真正的"出手点"，给予对方迎头痛击。
要诀如下：
1.随着切入的进攻者平行移动。
2.抓住投球者假动作的韵律，不轻易跳起。
3.算准真正的出手点。

平行移动法

进攻者与防守者对峙时，进攻者永远拥有"优势"，因为他是"意图的发动者"，在抢占切入位置时永远领先半步，防守者只能处于被动的见招拆招境地。
因此一个成功的防守"火锅"要比一个成功的进攻得分难度高出许多。但穆托姆博利用"平行移动法"，却轻松化解进攻者切入移动时多领先的半步。

进攻者切到中途，发觉"轰天雷"已察觉到他的进攻意图，临时变招，收球以急停跳投的架势来应付。

咦！这大竹竿赶到前面了，中途换招！

Dikembe Mutombo

打蛇随棍上　185

急停跳投！

判断进攻者何时出手，不轻易跳起

进攻者举球向上，作势跳投。但"轰天雷"判断对方不敢在第一时间出手，因为他已站在防守的有利位置，而且他的身高很唬人。

保留三分重心在脚尖

只见进攻者把球往下一沉，果然前面只是一个往上一晃的假跳投动作。

但"轰天雷"的重心虽然往上提，但仍保有三分重心在脚尖上。

封盖 BLOCK

你有胆在我面前直接跳投？！

当对手已举球到头顶，"轰天雷"才开始把压低的重心往上提，以防对手真的在第一时间出手。

4

嘿嘿！果然没胆。

5

Dikembe Mutombo

打蛇随棍上

谁说我没胆！

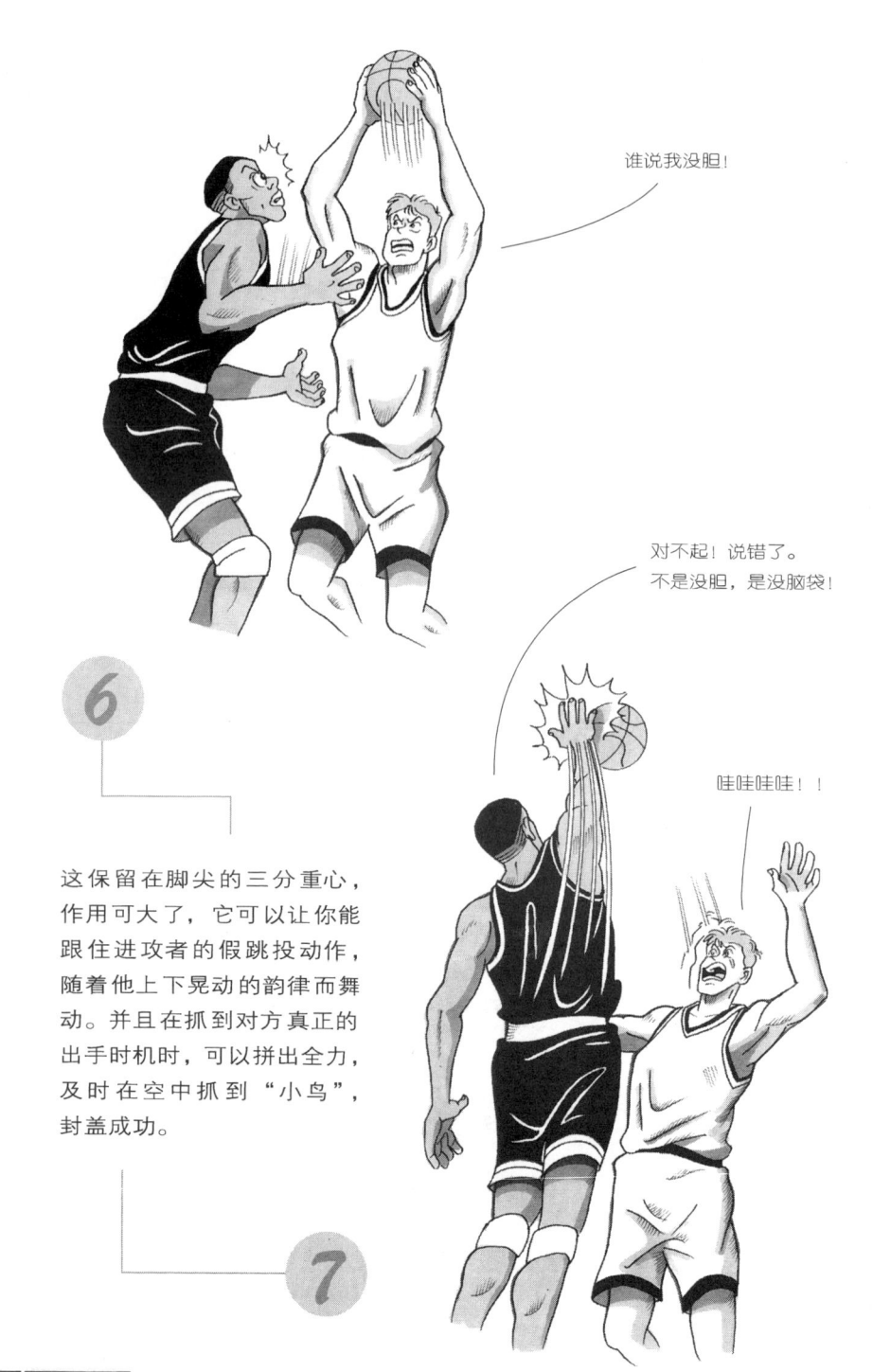

对不起！说错了。
不是没胆，是没脑袋！

哇哇哇哇！！

6

这保留在脚尖的三分重心，作用可大了，它可以让你能跟住进攻者的假跳投动作，随着他上下晃动的韵律而舞动。并且在抓到对方真正的出手时机时，可以拼出全力，及时在空中抓到"小鸟"，封盖成功。

7

比较各家三分神投手的特色

在NBA里，算得上三分神投手的，其实多如鲫鱼，难以细数。但从80年代到90年代大家一致公认的"超级"神投手，有三人足供代表。分别是"大鸟"伯德（Larry Bird）、穆林（Chris Mullin）和"大嘴巴"米勒（Reggie Miller）。80年代初，伯德的三分神投，一手扛起波士顿凯尔特人队的中兴大业，他的个人独门招式和丰功伟业在后文会提到，在此不赘述。80年代末，又冒出了一个号称"上帝之手"的穆林，他出手投篮时，神色自若，手肘摆动犹如"观音挥柳枝"，却发发见血封喉。

内行人在判断一个人在外线跳投是否会中时，通常看他的出手姿势即可猜到八九成，而穆林投篮的出手姿势则会让防守队员心里只会嘀咕一声："完了！"从而失去回头抢篮板的念头，因为，这球稳进了！

他投篮的那只左手，从手掌、手腕、到肘关节，力道使得简直是要命的柔顺，就像你亲爱的女朋友跟你绝交时挥手说"bye-bye"一样。手势柔情似水，表情万般无奈。够狠够无情，一出手即让人痛心入骨、完全绝望。江湖封他为"投篮姿势模范生"，实至名归。

"大嘴"米勒则是90年代江湖公认的第一把超远程洲际导弹，他跟一些NBA公认的神投手如伯德、穆林等在出手时有些共同特点：

1. 不仅利用腕力，还充分利用到肘及手臂的力量。
2. 都是在跳起的刹那即开始做出投篮动作，利用双脚起跳之力。顺势举球投出，而不是尽力跳到最高点才出手。
3. 从收球、举球到出手，轨迹成一圆弧形，看起来极为顺畅，绝无勉强、吃力的感觉。

综合此三点就是他们超长射程的要诀。

不同地方在于米勒投篮，球从头顶正中举起，肘与地面的垂直线约呈30°，而伯德和穆林的肘则与地面呈90°，球稍置头旁，让手掌、肘关节、手臂与篮筐成一直线（如附图）。

哪一种最好呢？

答案：

最准的最好！

绰号 / 阿巴契响马

大嘴巴 米勒
Reggie Miller

★ 位置：小前锋
★ 身高：2.00米
★ 梦二队、三队之一

当你跟我对阵时
奉劝你
一定要带两件东西
一是马桶盖
二是棉花
马桶盖用来盖篮筐
棉花用来塞耳朵

纽约人共同的敌人

做人，要让每个人都满意的确很难，但要让每个纽约人都恨之入骨也不容易。"大嘴"米勒做到了。原因有两点：一是他的三分神投威力；二是他的口水惹了祸。

NBA如果举办一场超远距离的投篮比赛，米勒绝对是冠军。三分线外再两大步，都是他的有效射程。出手又快又准，关键时刻更是要命的准。

最令人印象深刻的一役是1993~1994赛季季后赛，他带领印地安那步行者队来到纽约尼克斯的老巢。当年尼克斯队气焰高涨，号称全NBA防守第一名，再怎么厉害的神投手，碰到此队个个断肢折臂，武士刀变菜刀。但是只见米勒眼珠带着血丝，无视尼克斯的铜墙铁壁，以他的超远程机关枪疯狂连射，发发正中尼克斯队每位球员的心脏。

以一人之力火拼尼克斯全队，杀得他们个个直冒冷汗，哑口无语。有此能耐者，除了乔丹，他是第一人。

加上他整场叫嚣不断的"垃圾话"，听在全场数万名尼克斯队死忠球迷的耳里，那简直犹如把口水吐到自视甚高的纽约人脸上。米勒不仅凌辱了他们的球队，而且还践踏了他们自认神圣不可侵犯的尊严，这仇结大了。米勒也因此役一战成名，此后，每到纽约做客比赛，动辄得咎，随时都有嘘声侍候。

Riggie Miller

第38招 回天画符

大嘴巴/米勒（Reggie Miller）

本招使用关键：图3在空中画圈动作，要达到佯切作用

难易度： 初学级 班队级 校队级 国手级 乔丹级

从底线跑到45°位置接球，以左脚为中枢脚。

大部分人都有自己拿手的得分位置及习惯切入的路线，米勒也不例外。他拿手的得分位置在左边45°三分线外，他习惯的切入路线是向左切。

"响马"在此位置投三分球十拿九稳，防守者哪敢怠慢，立刻上前近身防守。

◆ 本招行进图 ◆

Come here, I want you!

来就来，怕你不成！

1

过人 DRIVE

米勒打球时有一个特色,口水特别多。
不仅三分神投惊人,嘴巴更气人,动不动就口出秽言,吐沫满场飞,差一点连祖宗八代都遭殃,让你满脸豆花。
目地就是要搞得你心浮气躁,手脚发抖,二来借此激发自己的战斗意志。
本招介绍他的持球切入招牌菜,"回天画符"。
拿着球,在你面前猛画圈圈,当你天旋地转、头昏眼花之际,突然球停腹前,再迅速向左切。

看本人的"鬼画符"

什么东东?
画符

表面上是在画圈圈,其实内有文章。
当球画到左边是佯左切,画到右边是佯右切,横看成岭侧成峰,虚虚实实,让对方重心左右浮动。

Riggie Miller

好,Stop!

当防守者正陷入"响马"的圈圈魔障时,突然停球在腹前。

回天画符　193

4

再反方向向左切。
防守者重心,因随着球晃动而移动,这突然的停止再朝反方向移动,使防守者反应不及,重心向左偏。

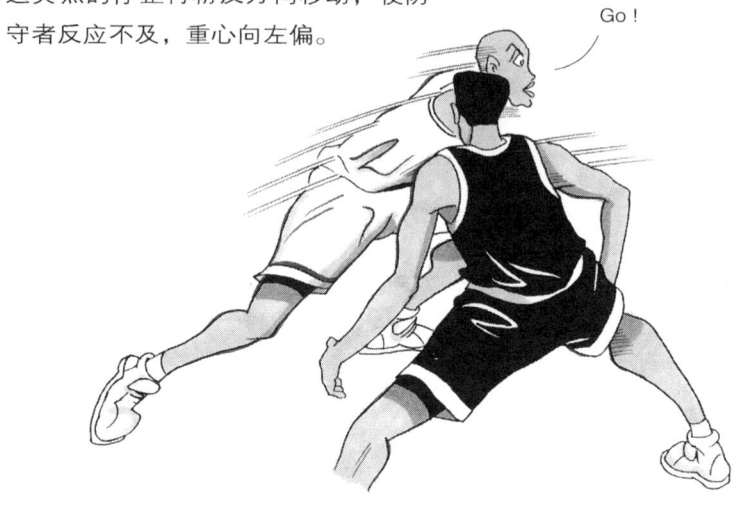

Go!

5

切到底线一看,哇!这还得了!篮下围来三位肌肉棒子,个个张牙舞爪

我什么场面没看过?

装神弄鬼,一掌把你破功!

过人 DRIVE

空中挺腰，换边！

6

但"响马"可是从来不知怕为何物，举球跳起佯出手，再挺腰换边。

明年今天，我们会送花圈到你墓前！

嘴巴太过嚣张，
引来群起共愤，
遭此千手灌顶，
"疯马"恐怕非死即伤。
所以劝君球场上，
言语挑衅，
还是适可而止，
目地达到后，
聪明点，
应知何时闭嘴。

MeAA AAA A……
（马哀嚎声）

7

Riggie Miller

回天画符　195

第39招 连发试探步

大嘴巴 / 米勒 （Reggie Miller）

本招使用关键： 掌握试探步的节奏

难易度： 初学级　班队级　校队级　国手级　乔丹级

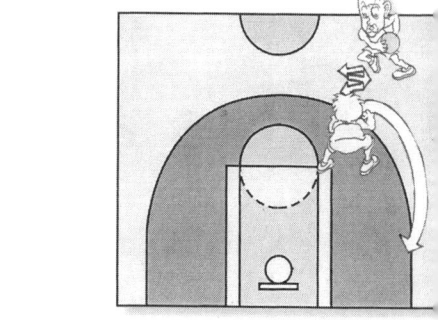

◆ 本招行进图 ◆

1

接球后，马上摆开阵势，左脚为中枢脚，球置左腰。

Hey, You !
昨天你老婆是不是罢工？

过人 DRIVE

用"试探步"招式骗人，最有名的除了乔丹之外，应首推米勒。
本招让我们学学米勒在他的拿手老位置（左边45°角三分线外），利用右脚向右跨的晃人动作，一遍不成再一遍，晃他千遍不厌倦，直到对方终于顽石点头、重心左倾后，米勒立刻换边向左切。
但如对方防守功力不错，仍如影随身，紧逼盯人防你切入时，还有办法——切到一半，急停向左横跳投篮。
不过可千万善用你的腰力、腕力及保持重心平衡，否则球不进事小，摔得鼻青脸肿，可别回去跟你妈哭诉。
所谓"试探步"：
以左脚为中枢脚，球置腰左侧，右脚向右跨出再收缩，让对方重心左倾（如图1、图2、图3）。

干你屁事！

抬右脚，作势向右切。

2

但是
你怎么知道？

着地时，看看对方如何反应。
不理不睬，就直接右切。
有点理又不太想理，则……

3

Riggie Miller

连发试探步　197

面带不顺，一看便知。

4 收脚再跨一次。
防守者似乎已算准了"响马"老向右切的习惯，双脚下蹲离他两步远，并且左脚略前，右脚稍后，是个标准防他切左姿势……

可恶！竟公开我心中的最痛，事关男性尊严，今天非kill you不可！

5 一旦"响马"抬右脚向左发动攻势，可以立即跟上。

在空中向左滑行了约一步距离，摆脱了对方的纠缠后，再屏气远投。

只要让米勒一击中的，那你肯定惨了，从此让你当晚整场耳根不得安宁。不仅如此，你的队友、教练甚至观众都是他诉说"垃圾话"的对象。虽然他会一脸无辜的辩称这只是他激发斗志的一种方法，纵使说者无意，听者可是有心，尤其是纽约尼克斯队的全体官兵和当地的球迷，一见米勒，必定祭出纽约人一贯的传统风格——以牙还牙，绝不示弱。

过人 DRIVE

6

"响马"一看对方防守功力了得,旁有恶犬,内有凶汉等候,不宜硬上,切到一半突然收球横向跳起投篮。

Kill me?

7

Are you kidding me?

Riggie Miller

连发试探步 199

第40招 大嘴巴／米勒（Reggie Miller）
流风回雪（右手式）

本招使用关键：熟练书前页所附的"同边跳投法"

难易度：初学级　班队级　校队级　国手级　乔丹级

1

中路三分线外，"1对1"卯上了。

◆ 本招行进图 ◆

You, poor guy!
你要倒大霉了！

狗嘴吐不出象牙！

跳投 JUMP SHOT

鸡有两种：一种是"饲料鸡"，一种是"野生鸡"。饲料鸡饭来张口，适合在某一特定范围活动；野生鸡自力更生，适应山中各种险阻。

"投手"也分此两种：一种饭来伸手，一种是可自己动手做饭的DIY(Do It Yourself) 型。在芝加哥公牛队里，先后出了两个典型的"饭来伸手"型投手，至于为什么刚刚好两个都在公牛队出现？这必须先从公牛队整个进攻情况说起。

整个90年代几乎完全是公牛队的天下，最主要原因在于队里出了两个很会得分、也很会制造得分机会的超级巨星，这两只牛角大家都知道是飞人乔丹和皮蓬。

可是，光是两个超级明星就想建立王朝是不够的，篮球是"5对5"的竞技项目，NBA那些老谋深算的教头们屈指一算，五根手指折断大拇指和食指，这只手也就废了，5减2并不等于3，因此往往干脆设下重兵，全力封杀他们俩的攻击。而当乔丹与皮蓬身陷重重包围时，相对的其他队友的空当就出现了。就在这背景里，90年代的公牛王朝，先后出现了两位"饭来伸手型"投手：帕克森(John Paxson)和科尔(Steve Kerr)。这个角色上场最主要的任务很明确，也很简单，等人喂球，拿球就投，不需具备高强的单打能力。不高、不壮、跑不快都没关系，甚至投不进也没人指望他们跟进抢篮板球。

哇啊！这样的"肥缺"，听起来不正符合本人的条件吗？

且慢！天下没有白混的午餐，坐这位置也有他的苦处。它需要两个苛刻的条件：一、具备神准的原地三分神投功夫；二、心脏超强。在任何巨大、关键球的压力，绝不手软。而他们在NBA的生涯里，也分别在总冠军决赛中，在最紧张、最关键的时刻以投进一"制胜三分球"来证明自己适得其所。

不管他们在NBA生涯中投进了数百、数千个三分球，但时过境迁、黑发变白发时，世人、他的子孙包括他自己在记忆中恐怕也只存在这甜蜜的一击。

在最关键、压力最大的时刻，你却非投进不可，进了就上天堂，一辈子回味无穷，没进的话，一棒打入地狱，让你抱憾终身。兄弟！这位置可不是那么好混的！

可惜的是，这种"饭来伸手"型的投手只是在一项攻击任务中执行最后一击的一颗棋子而已，不是能主导攻守的将帅，因此价码是注定高不了的。

而"大嘴"米勒之所以是一个人见人怕的三分神投手，就在于他不是那种等着队友帮你制造空当，才能出手得分的球员，你只要把球丢给他，大伙就可以放心的到篮下取暖，他自己会想法子出手得分，这就是属于DIY型的球员。

本招要介绍的"流风回雪（右手式）"，即是米勒在三分线外"自己做饭吃"的跳投招式，因本招适用于右手者，故称"右手式"。

本招学得精，它的威力会如一阵强风突袭盖满冬雪的山谷，把山头吹出一头冷汗时立刻回转风向，跳回出手。

使用本招要诀简单一句话就是，右脚跨进，左脚跃回。

Riggie Miller

流风回雪

不信？一个左切就把你搞定！

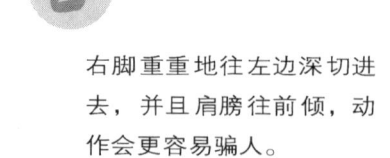

早料到了！

2

右脚重重地往左边深切进去，并且肩膀往前倾，动作会更容易骗人。
对方侧对"响马"，放出左边大角度，算准他要往左切，但……

好嘛！算你聪明，我跳开总可以吧？

糟！是他的招牌扡"流风回雪"！

3

人算不如天算！"响马"右脚着地后，立即踩刹车，重心拉回，往旁边略后跳开。

4

等你发现时……

着地后，立刻双腿微曲，球置头顶，摆出他特有的投篮姿势。
这就是他惯用的外线绝招，"流风回雪"，江湖上命丧此招的人，不计其数。

Riggie Miller

202　流风回雪

跳投 JUMP SHOT

5

防守，有一个不变的真理：纵使明知封盖不到，仍然要跳起做出封盖动作，封不到球也要举手随便晃一晃，胡乱大叫一声也行。目地就是要干扰对方投篮，只要不会造成身体伤害等违背善良风俗的举动，皆可使出。

太迟了！

1234567……

6

此种往后跳三分远投要投得准，从腰部处举球到出手，除了跳起脚蹬地力量要足够外，腰力、手臂、肘关节、手腕到出手手掌的每一个细胞要全体动员，一气呵成，中间稍有停顿皆会影响命中率。

Are you crazy?
没有用啦！

教练，真的不是我不努力啊！

Riggie Miller

流风回雪

第 41 招 米式投球法

大嘴巴 / 米勒（Reggie Miller）

本招使用关键：掌握投球时，顺畅的感觉

难易度：初学级 班队级 校队级 国手级 乔丹级

◆ 本招行进图 ◆

1 接球时，以左脚稍跨前为中枢脚，接球顺势移到胸前。

跳投 JUMP SHOT

米勒在NBA混这么多年，如果要论全NBA "最有价值球员"前12名，恐怕他不见得排得上，但为什么选梦之队时名单里总是少不了他？

原因在于NBA各支队伍之间的比赛的攻守战术分工已相当专业。一号控球后卫主司分球，任务是领导全队攻守，以助攻为主、得分次之；二号得分后卫则控球、切入、外线投篮、制造空当等能力都要有一手；三号小前锋主司切入、外线攻击；四号大前锋是做苦工，主司卡位、抢篮板球；五号中锋则是全队攻守的中心。

一个球队，如果中锋攻击火力强，能吸引二人包夹，则其他队友的空当就多；大前锋抢篮板球能力强，则全队的攻击机会就多；小前锋外线投篮准，防守方就被迫要扩大防守范围，则中锋就有更大的发挥空间。这是环环相扣的，如果只论每人功夫的深浅，干脆挑出12名最佳中锋当梦之队算了。

一个萝卜一个坑，于是当梦之队教练挑三号小前锋时，他首先考虑的是外线三分得分能力强的人，那谁是90年代外线攻击力最强的人呢？

"大嘴"米勒是也！

要当一个令人倚重的三分投手，不仅投篮要准，而且要有非常稳定的命中率。

大家都知道米勒的身材，勉强算瘦长型，以NBA的标准来说弹跳能力只能归为普通级，但他为什么可以投出又准又稳的超远程三分炮弹呢？

现将米勒的投球动作示范分解，诸位看官可以一窥"米式投球法"的奥秘之处。

Riggie Miller

右脚跨前与左脚并拢，双脚距约20厘米。

米式投球法

但米勒比较独特的地方是：
1. 右脚尖稍向内扣。
2. 双膝几乎接触，重心压低。
3. 右肘紧靠腰际，球置于胸部正前方。

他这三项独特姿势，让双脚尖交集处、双膝交集处和球与篮筐都处于一直线上。这就如一个枪手拿着步枪瞄准一样，双脚压得稳就如枪托靠得牢，而球就如准星，让夹紧腰际的右肘及放松拿球的手掌遥指篮筐，加上米勒投球弧度又特别高，命中率自然让人怵目惊心了。

利用双脚踏地的反作用力，顺势把球沿着右眼正前方举起。注意是"同时"，因为这是米勒可以投出超远程三分球的关键处。而"沿着右眼正前"也是米勒投球的独特处，一般大家公认的标准姿势是从头右侧处举起。

跳投 JUMP SHOT

球离手的刹那,以拇指和小指来控制方向。

4

手指往球下沿下拨后,手掌轻松下垂。这拨球动作要拨实,手臂也要跟着自然伸直。

5

Riggie Miller

米式投球法

第42招 米式三点金

大嘴巴 / 米勒（Reggie Miller）

本招使用关键：熟练"三点金"的步伐

难易度：初学级 班队级 校队级 国手级 乔丹级

◆ 本招行进图 ◆

敢回头瞪我？
罩子放亮一点！

1

"阿巴契响马"背靠防守者，左脚为轴，眼睛向左边场内大眼一瞪，其作用有二：一来掌握队友移动情况，有空当可随时传球；二来借此把对手的注意力引到他的目光所及之处，也算是第一个假动作。

过人 DRIVE

看过花样滑冰的人,应该知道有一招难度最高的"空中三回转"。只见滑冰者右脚向后一甩,着地后用力一蹬,立刻窜起在空中转身三圈,然后又来一个极为优雅的"天鹅降地"。

而他这招"米式三点金",想必吸收了滑冰三回转的精华,起手式一样右脚向后一甩,着地后也用力一蹬,然后反方向在地上打转。

本招又名"米式回转1、2、3",要学得像、使得好,就要掌握其1、2、3步的使用诀窍。他利用身体的三个部位做出三个假动作,依次是眼睛、右脚和转身假装跳投的手部。

瞪你又如何?
看本人的独门三点金。
一点!

2

右脚往后一甩,作势转身,实则着地立踩刹车,乃第二个假动作。

二点!

3

同样的右脚,180°转身正面迎敌,重心压低,提球向上一晃假装跳投,是第三个虚招。

Riggie Miller

米式三点金

4

糟！原来都是虚招。

三点！

防守者经此三招虚晃，重心不禁浮起想"盖锅子"，但阿巴契"响马"却右脚再一提，大步直冲限制区要塞。

5

快回身挡路！

It's too late！

右脚一攻占防守路线，左脚立刻跟进。但注意，此时正是敌我双方互相抢占攻防有利位置、短兵相接、兵荒马乱的时机，切记以身体当墙，左臂架起当墙上的铁丝网，隔绝对方怪手来犯。

过人 DRIVE

6

一路闷着头运球杀到篮下，抬头一看，哇啊！哪还得了，三位吹胡子瞪眼睛的恶汉已摆好餐桌，准备把他当"三明治"围剿生吞。这种情势危急的险境，篮球道上的朋友人人都会碰到，别急！看"响马"使出什么招式杀出重围……

我的妈呀！
把我当三明治不成！
看我如何脱离险境

7

球运到正篮下，举球垂直跳起。Why？
如此篮筐两边皆可投篮，哪边有洞哪边钻。让防守者搞不清楚你的"出手点"，此乃"见洞找路法"。而米勒使的是更高段位的"引蛇出洞法"。
先把球稍举向左边，再变向转到另一边出手，这犹如一只狡兔从一洞口迅速探头，立刻引来群蛇一涌而上时，它却乘机从另一洞口逃生。

引蛇出洞！

咦？！抓错边了……

Riggie Miller

米式三点金

第 ㊸ 招 大嘴巴／米勒（Reggie Miller）
黄莺出谷

本招使用关键： 当防守者离你太近时，当机立断，拿球就以

难易度： 初学级 班队级 校队级 国手级 乔丹级

左脚为中枢脚踏在三分线外，持球在左腰，右肩向前倾。

对手深知"响马"的三分神投功夫，怕他原地跳投，竟矫枉过正，紧逼到只离对方一步距离。

防守有一原则：
防他原地跳投，要保持一步半距离；防他切入，则要离两步远。

◆ **本招行进图** ◆

Riggie Miller

1

八成又要用他那招虚晃一脚的"试探步"……

212　黄莺出谷

过人 DRIVE

江湖上，在三分线外被米勒的"试探步"耍得团团转的人不计其数，结果通常不是被他在三分线外原地跳投就地正法外，就是被趁隙切入。因此吃过大亏的人，当米勒一摆出"持球在左腰，右脚做势向右切"的试探步标准起手式时，个个如坐针毡，防切也不是，防他跳投也不安。

既然他的右脚总是要内外来回伸缩个一两次，防守者灵机一动："那不妨不理他第一次的右跨动作，免得被耍得重心跟着摆？"

嗯，Good idea！But……

当我说"but"的时候，就要注意听了，本招前三图动作，就是米勒专治那些自以为聪明的家伙，名唤"单发试探步"。

2

而进攻法则刚好相反，防守者离得远，你原地就投，离得近你就切。

"响马"一看对手逼进，右脚向右跨，作势右切的同时，把球拉向左边。此乃使出"试探步"的基本架势。

目地：干扰防守者刹那间的判断力。

出右脚！

果然不出所料，本人的聪明才智，实在没办法再谦虚了！

@#$%&*#$%@&*

你就自个儿在那里自恋吧，
I am leaving！

3

防守者赌"响马"只是一个"佯右切、拉回急停跳"的虚招，可是啊，假作真时真亦假，不料他假戏真做。

不过提醒看官，此等拿球就切的"单发试探步"要一枪中的，前提是"连发试探步"常常在用，本招才能达到突袭效果。

先别得意，本人"阿诺二世"在此候教。

4

沿着底线杀入，一看前头对方中锋双脚一横，犹如两根大门柱，已完全堵死去路。

向后落地前，从容出手得分。
在NBA这种处处充斥着"肌肉棒子"的野兽丛林，米勒此等"排骨"历历可数的体型，更显清瘦。此招"黄莺出谷"即是"排骨"兄弟们在切入限制区时逢凶化吉的保命招式。

过人 DRIVE

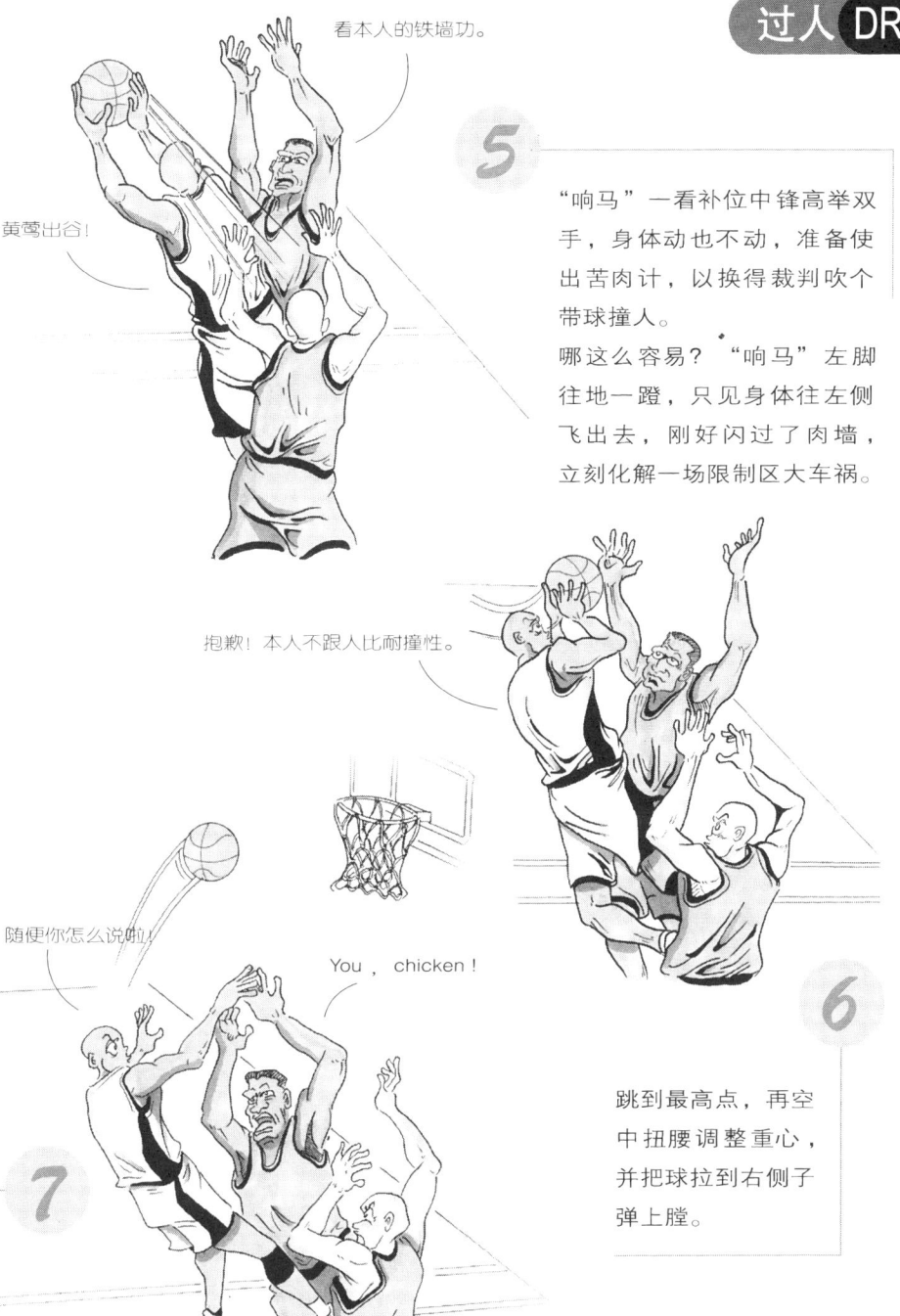

看本人的铁墙功。

黄莺出谷！

⑤ "响马"一看补位中锋高举双手，身体动也不动，准备使出苦肉计，以换得裁判吹个带球撞人。
哪这么容易？"响马"左脚往地一蹬，只见身体往左侧飞出去，刚好闪过了肉墙，立刻化解一场限制区大车祸。

抱歉！本人不跟人比耐撞性。

随便你怎么说啦！

You, chicken！

⑥ 跳到最高点，再空中扭腰调整重心，并把球拉到右侧子弹上膛。

⑦

Riggie Miller

黄莺出谷

绰号 / 终结者

大鸟 拉里·伯德

Larry bird

★ 位置：小前锋
★ 身高：2.05米
★ 80年代带领凯尔特人绿衫军，拿下三次NBA总冠军。

当我
在三分线外拉弓出
手
建议你
省省力气
别死命往篮下挤
因为
你只能捡到
从篮内掉下的球

一代三分宗师

80年代与"魔术师"约翰逊,号称"东西双霸天"的篮球大师——"大鸟"伯德。如果要体会一下他的伟大程度,很简单,看看目前人们如何对"飞人"乔丹的如痴如狂,那即是当时人们对伯德的崇拜。

从NBA创立到1980年,没有电视台愿意转播该项比赛,再到现今,美国电视台手捧24亿美金与NBA签下了4年的合约,还要叩头跟他们说谢谢。短短十几年,瞎麻雀变成金凤凰。风水转得如此之快,有三个人NBA非感谢不可。飞人乔丹、"魔术师"约翰逊,另一个人就是"大鸟"伯德。

"大鸟"与"魔术师"在80年代东西对抗了10年,让全世界的人注意到了NBA的存在,而乔丹在90年代的适时接棒,进而让全世界的人对NBA牵肠挂肚。

曾任尼克斯队总教练的雷德·霍尔兹曼如此形容"大鸟":"伯德能预先测知球场上将发生的事,我不敢说他是历史上最伟大的球员,但东部联盟的球员无人像他那般神态自若,像他那样真正了解篮球。"

但伯德也不是天生就如此的天才,他之所以能预知球场上的动态,是因为他肯下工夫去观察每一位对手的习惯招式,并记下他们拿手的进攻路径、传球方向及出手时机。我们称这为个人的"家庭作业"。

注:确实做这种"家庭作业"的球员,皮蓬(Pippen)是另外一位,但皮蓬对于私人的笔记可小气得很,坚持不肯公开他的"家庭作业"与队友分享。没关系,本秘笈先将伯德的"家庭作业"图文并茂泄露给你。

另外伯德之所以在打球时能如此神态自若,是因为他从小每日4小时的专注投篮练习所致。当他练就百步穿杨的神投功力后,在比赛时自然就有必胜的自信心。所谓篮球天才是一分的天赋加上九成的努力。

伯德在NBA奋战10年,他留给世人印象最深刻的,一是他的三分神投功夫,二是他的绝妙传球技巧。本书节录他此两项绝技以供后人学习,以免失传于世。

Larry Bird

larry bird

拉里·伯德

第44招 大鸟式投篮

大鸟 / 拉里·伯德（Larry bird）

本招使用关键：两个字，勤练

难易度：初学级 班队级 校队级 国手级 乔丹级

Larry Bird

准备(Get Ready)：收球，准备投篮，眼睛盯着对方。

让你见识"大鸟"投球的五部曲：第一步，准备！

◆ 本招行进图 ◆

第二步，就位！

就位(Get Set)：肌肉放松，身体保持平衡，右脚稍向前，并指向篮筐。

218　大鸟式投篮

投篮 SET SHOT

人们经常挂在嘴边的一句话:"如果想学三分球,看看伯德的投球动作就行了。"

看"大鸟"伯德投三分球,就仿佛欣赏一位雍容华贵的英国绅士挺着散发傲气的背脊拉弓射箭一样。投篮出手时手腕是如此的轻柔,就好像球是从指尖轻弹而出,却锐利异常,永远让对手死心,让队友放心。

看似轻松简单,但要学得其中奥妙,还需占用你三分钟时间看完以下诀窍,才可以受用终生。

伯德式的投篮有三大特色:

1. 原地投篮(Set Shot)

一般球员在距离较远时都采用跳投(Jump Shot),即跳到最高点才出手。而伯德最特别的就是他在三分线外接球后,不必运球便可以直接立定投篮,在对方尚未反应过来时,球已出手在半空中了。

优点:＜1＞出手快,让对手防不胜防。

＜2＞更自然地利用脚蹬地的反弹力,顺势举球投出,出手更显轻松。

2. 球置右肩,出手点略后。

一般球员的出手点在额头的右前处,而伯德的出手点却稍在右后方。

优点:投球弧度高,不易被"火锅"。

3. 瞄篮时,肘抬高,球更往手掌下压。

优点:图3～图6投篮出手时,要肘到指尖依次发力,让射程更远。

放眼当今武林,就以曾在湖人队,然后转到超音速队的帕金斯(Perkins),把这招"大鸟式投篮"使得最具威力。

伯德亲自传授他那打遍天下无敌手的"原地投篮"如下:

第三步,瞄准!

瞄准(Aim):

球置指尖,手掌心不接触球,膝盖弯曲,肩和肘如枪的准星般成一直线指向篮筐,肘关节能够伸缩自如。肘、前臂、手腕与脚要成一直线。

大鸟式投篮

4

第四步，出手！

5

出手(Fire)：以大拇指、食指、中指控制方向，对着篮筐伸展手臂。球离指尖时，手腕向前下压，让球在空中呈后旋状。

伯德要世人牢记一点投篮诀窍：
不论任何投篮，脚和腿才是球投出时，
力量的真正来源。

我完了！

220　大鸟式投篮

投篮 SET SHOT

跟随动作(Follow Through)：
出手后，整个身体借脚蹬地之力，稍离开地面。
同时屈腕，手指指向篮筐。

练习方法：
1. 先在近距离投篮，直到每个位置都投进五球，然后逐渐拉长距离至你能做到的最大投篮距离，依此反复练习。
2. 找一伙伴，在你前方高举双手，练习超越其手臂投篮。
3. 在熟练定位投篮后，开始练习"1对1"情况下投篮。当对手离你较远时，直接定位投篮；当对手离你较近时，则做出假投动作或书内附的任何假动作后，运球上篮。

6

第五步，跟随！

Larry Bird

KEY POINT

当你在练习三分线外的定位投篮时，如果你无法轻松顺畅地把球投到篮筐，这意味着你还没有正确地运用脚和腿的力量，因此你也不可能练好三分球投篮。

大鸟式投篮

第 45 招 金蝉脱壳

大鸟 / 拉里·伯德（Larry bird）

本招使用关键：顺势推开防守者，往外跳开

难易度：初学级 班队级 校队级 国手级 乔丹级

往三分线内移动时，突然转身背对篮筐面向传球者，身体紧靠对方，右肘顶住对方腹部，左手举起当队友传球的目标。

给球过来，他被我卡死了！

◆ 本招行进图 ◆

当接来球时，右肘稍使力往对方腹部挤，同时往外移动跳出三分线外。

为什么接球时，右肘要挤对方？

千万别误会，这可不是要教你当球场恶霸。这一挤是本招是否奏效的关键，所以力道以不犯规、不伤人，只要让对方重心刹那间往后退即可，目地是使接球者跳出三分线接球后，有足够的空当可在第一时间跳投。此即所谓的"点穴"。

投篮 SET SHOT

在80年代三分线外两步内的区域,人们称之为"大鸟特区"。意思是该领域是"大鸟"伯德独享的区域。

于是当"大鸟"伯德面对篮筐站在他的"特区"时,毋庸置疑,势必招来对手密不透风的防守,让他没机会接到队友的传球。

这时"大鸟"常使出他的"金蝉脱壳"招式,可使他能够轻易地摆脱防守者,在他的三分特区出手得分。

使用过程:1. 卡位接球; 2. 内挤外跳; 3. 顺势出手。

使用要诀:

1. 先往三分线内挤,迫使防守者跟着往内移。
2. 在接球的同时拉出三分线外,第一时间以原地投篮方式出手。

方法如下:

跳出接球!顺势张开翅膀。

哎哟!中了他肘部的"暗器"。

喂,兄弟!
想"火锅",就要跟紧一点啊!

在三分线外着地,右脚就位在投球位置,脚尖面向篮筐。

金蝉脱壳

左脚靠到右脚旁,约与肩同宽,但右脚稍前。目视正前方,膝盖微屈,体重平均分布于脚上。

离篮筐越远,膝关节弯曲幅度越大。记住,投篮的力量来自脚和腿的发力,手臂和手腕只是稍微用力以控制球的方向而已。因此投篮的那只手要像弹钢琴一样,轻松柔顺。

而从图2~图5在空中接到球顺势举球向上,球的运行轨迹就像在空中画一圆圈。就是这种顺畅、自然的投篮节奏,让"大鸟"的投篮命中率居天下第一。

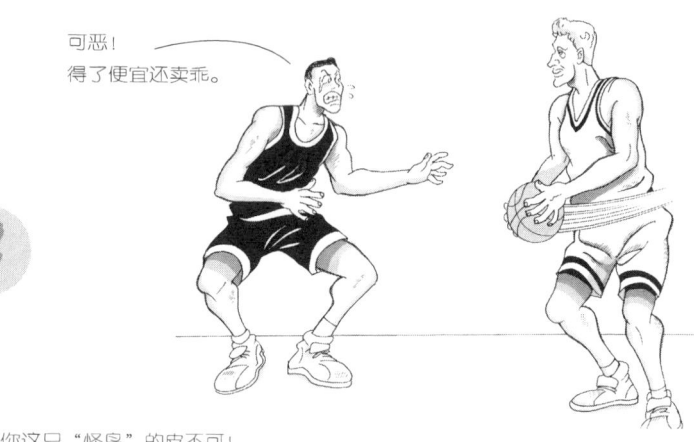

可恶!
得了便宜还卖乖。

非剥了你这只"怪鸟"的皮不可!

注意本图他的瞄准姿势,背挺直、右肘关节正对篮筐、身体保持平衡。
那瞄准哪里呢?
这答案各家门派众说不一,不过天下第一神投手伯德,是以篮筐后缘为瞄准目标啦!你认为应该学谁呢?

伯德的理由如下:
1.如果球碰到篮筐后缘,球的后旋会使球进篮。
2.如果力道太小,球提早落下,篮筐中还留有较大空间让球落下,说不定仍是个空心篮呢!
3.如果投得太过,还是有机会碰到篮板,反弹入内。

投篮 SET SHOT

出手：
为了抓住因"点穴"奏效而造成的刹那间空当的有利时机，应以"原地投篮"快速投篮出手。起跳的同时，手臂顺势"轻柔地"向篮筐推出，手腕下压(Snap)，指尖最后拨球，使球在空中后旋。
理论上球行进的弧度越高进球角度越大，但弧度越高，越不容易对球进行控制，弧度越低则进球角度越小，两者互有冲突。
"天下第一神投手"伯德的投篮角度是45°，而"世纪球王"飞人乔丹的出手弧度则常常不到40°，您就依个人喜好和身体条件，help yourself 自行选用吧！

手臂跟随(Follow through)：
投篮出手后，手臂和手应继续前移，指尖指向篮筐，这就是跟随动作。
这动作可让球在空中后旋，也有助长距离投篮。
球后旋，有什么好处呢？
如果您玩过台球，应该知道当球杆撞击母球中心的下方，在母球撞到色球后，母球会向后移动。
同样道理，当球碰到篮筐后缘也会顺势下转入篮内。

跟进抢球(Follow your shot)：
记住一点，在场的10位球员，就属你最清楚球会往哪里反弹。好汉做事好汉当，自己投失的球，有责任自己跟进抢回来。
纵使NBA顶尖高手，也常常因自己认为这球稳进或即使跟进了也抢不到，从而放松了对自己的要求。

别开玩笑，没看到"大鸟"已经飞在天空了吗？

KEY POINT

不管你感觉这球会不会进，把抢篮板球当成抢女朋友，在还未共进礼堂之前，永远要保持赴汤蹈火、死缠滥打的精神。在球未进篮内，亦应秉持如此的态度，见球如见人，积极，奋起……救中国！

Larry Bird

金蝉脱壳

第46招 大鸟转身

大鸟 / 拉里·伯德（Larry bird）

本招使用关键：熟练假投转身切入步伐

难易度： 初学级　班队级　校队级　国手级　乔丹级

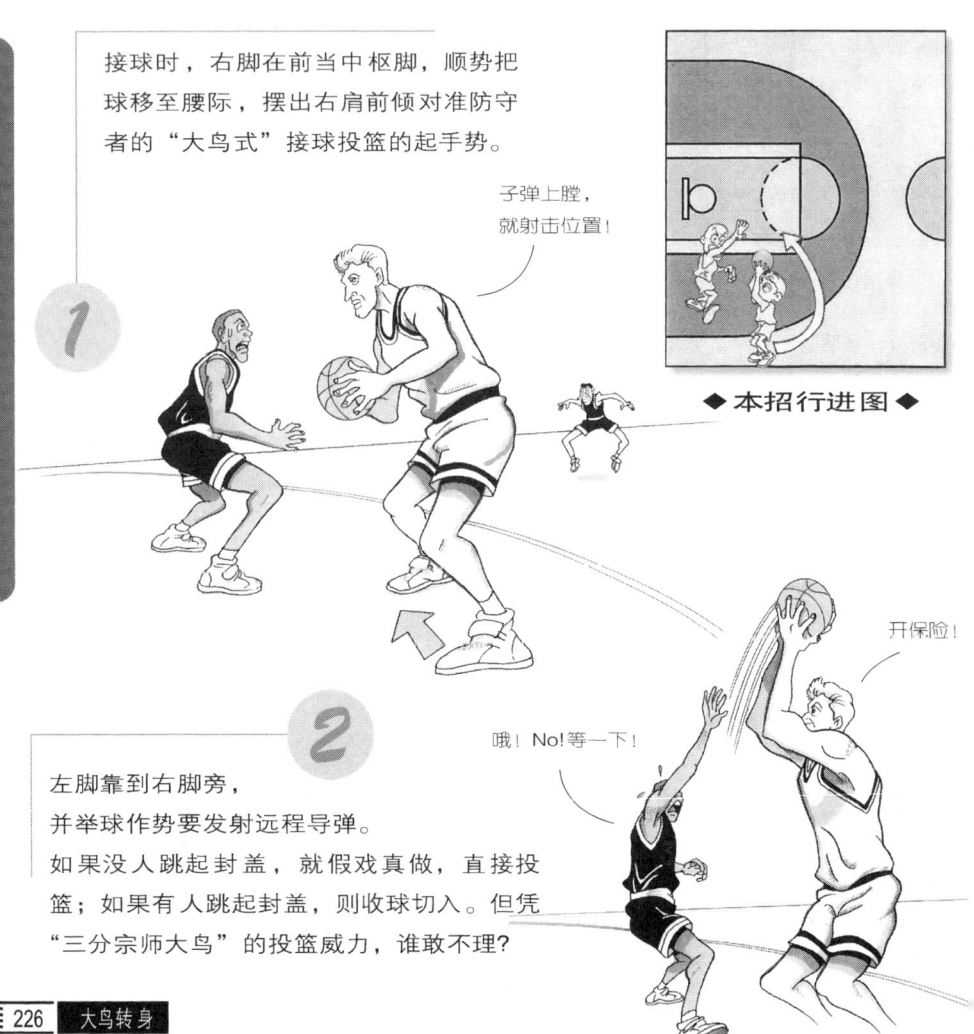

1 接球时，右脚在前当中枢脚，顺势把球移至腰际，摆出右肩前倾对准防守者的"大鸟式"接球投篮的起手势。

子弹上膛，就射击位置！

◆ 本招行进图 ◆

2 左脚靠到右脚旁，并举球作势要发射远程导弹。如果没人跳起封盖，就假戏真做，直接投篮；如果有人跳起封盖，则收球切入。但凭"三分宗师大鸟"的投篮威力，谁敢不理？

哦！No！等一下！

开保险！

转身 SPIN

如果你练就了"大鸟"伯德的远投威力,当你在三分线位置接球后,摆出如图 1"大鸟转身"投篮的起手势时,保证立刻引来对手死命地趋前近身防守。这时你将深深体会到"身拥百步穿杨功夫,切入如菜刀切豆腐"的甜头。

它让你的运球切入如切豆腐般,刀入豆腐开,锐利、容易。

本招"大鸟转身",有何惊人的高深之处?

答案:没有!

What !? 耍我?

不!它虽然只是一个普通的基本招式,但就如同金庸小说《天龙八部》中,那位一夫当关、万夫莫敌的乔峰,他能把一套初级的基本拳法使得虎虎生风,并以此力退武林高手,原因何在?

"熟练"二字而已。

相同道理,本招"大鸟转身",它虽然只是一招基本的假投切入动作,但你要把它使到如刀切豆腐般的锐利,就必须熟练这假投切入步法,让它变成不需经大脑考虑,成为本能的习惯反应动作。

当然,加上你苦练有成的远投功夫,就会如虎添翼,准确的远投更能吸引对手近身防守,然后再利用此招轻松过人。

别紧张,开保险并不代表一定发射!

大鸟转身!

一般假投切入招式,都要视对手跳起的情况,以正面选择切右或切左。而本招"大鸟转身"却要后转180° 切入。优点:背对防守者,不会被抄球。

使用诀窍:

1. 图 2 举球假投时,右肩稍置前方,诱使对手往你左边跳起。
2. 左脚移至右脚稍后方,这可以使转身更快速。
3. 当对手跳起已近身到几乎贴到你身体时,选择用转身切入的效果最好。

5

这里所谓效果最好，意思是管用，而且切入的过程，在视觉上够炫！如图，对手一副扑杀不成也要把他毁掉的样子，往"终结者"身上扑，但他却一溜烟往右切入篮下。

糟！扑空了！

6

但睁眼一看，补位者已切断他切入的路线，如继续切进势必造成带球撞人，形势对他极为不利。

别嚣张，本大爷已在此恭候多时！

那我只好利用地形优势，来一招……

转身 SPIN

万鸟朝宗！

7

别着急！
这种情形，"大鸟"有一招解困的霸王硬上弓招式——"万鸟朝宗"。

8

哇哇哇……

KEY POINT

使用关键：
1. 对手要比你矮，否则不容易骑到他头上。
2. 对手站得直直的，摆明他已使出了苦肉计，等你来撞，因此只能身体的上半部骑到对方头上，下半部必须缩紧肚皮，只能贴在对方身体上。
3. 保持身体平衡。尤其上半身的投篮动作要领，要遵照"大鸟"的投篮法则。

Larry Bird

大鸟转身

第47招 万鸟呈瑞

大鸟 / 拉里·伯德（Larry bird）

本招使用关键：熟练书前页所附的"左右单手运球法"

难易度：初学级　班队级　校队级　国手级　乔丹级

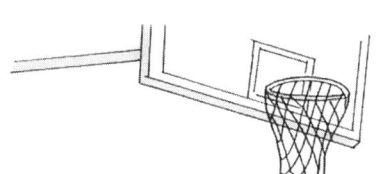

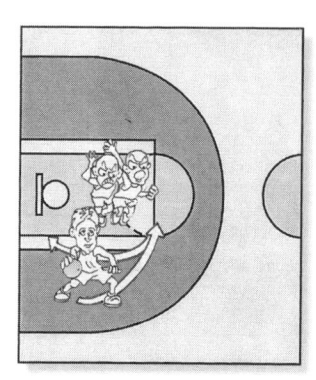

◆ 本招行进图 ◆

你说什么？
你知道在跟谁讲话吗？

别东张西望了，
放胆跟我单挑吧！

1

在低策应位置，背对防守者，眼看中场。

作用：
1. 吸引防守者注意的方向。
2. 眼观全场动态，随时传球给空当处的队友。

转身 SPIN

一流投手，并不等于是一流的得分球员。
伯德说过一句名言："投手（Shooter）和得分球员（Scorer）不同，投手得到空当立即投篮，而得分球员则是寻求最佳得分机会而投篮。"
说得更白一点，即"得分球员"在空当处接到球时，也并不一定投篮，他会考虑是否可以寻求更有把握或更有利的出手时机。这个出手时机，不只事关自己，也包括队友。
例如，是否可推进到篮下再出手，是否队友的空当比你更佳，是否这时得分对己队最有利等。
伯德之所以能以一人之力带领凯尔特人队建立王朝，因为他真正懂得如何打篮球。
本招"万鸟呈瑞"，是伯德利用自己的神投功夫当掩护，寻求最接近篮筐的、最佳的出手时机。
而众人一见伯德做出跳投动作，就如同一群停在大树上的小鸟乍见黎明的曙光一样，立刻在空中群莺乱飞，本招因此得名"万鸟呈瑞"。

放个虚招、吓吓你。

球从地弹起时，右肩往右晃，带球往右，假装后转身进篮下。

2

我就知道，是……假的。

3

但右脚一着地，立刻弹起，往反方向前转身到罚球线。
这些动作的目地让防守者混淆对手的进攻方向，让防守者的重心左右移动。

万鸟呈瑞

Larry Bird

注意啦！天下第一神射手在此准备射击。

别人还可以马马虎虎，此人……

4

右脚着地后，立刻收球并压低重心，摆出投篮姿势。
天下第一神投手摆出投篮动作！那还得了，肯定让敌队全员脚底冒冷汗。

5

非封不可！

一个夸张的举球假投篮，这动作不仅让防守他的人重心抬起，连后面的中锋也跟着要跳起封盖。

转身 SPIN

6

投篮准的人有一样好处，一有个风吹草动的投篮动作，就很容易引来一群怪手在空手飞舞。"大鸟"的远程炮火通常是每支对阵的队伍全力封杀的主要任务。
但"终结者"却已收球，左脚当中枢脚，右脚向篮下跨进。

空中群鹰乱飞，改走地道。

右手挑篮轻松得分，但要注意必须双脚同时跳起，否则稍有偏差，这种动作很容易被抓带球走步。

7

本人虽拥天下第一神投功，但"跑到离篮筐最近处投篮"，是我的名言。

KEY POINT

篮球不变真理：离篮筐越近投篮命中率越高。纵使一代神投手伯德，只要他能切入到篮下得分，他轻意不会选择在三分线外发射远程导弹，这也是他的投篮命中率在他NBA的生涯中一直数一数二的原因之一。

Larry Bird

万鸟呈瑞　233

第48招 懒牛伸腰

大鸟 / 拉里·伯德（Larry bird）

本招使用关键：运球时，眼观四方

难易度：初学级 班队级 校队级 国手级 乔丹级

◆ 本招行进图 ◆

单挑如何？

Larry Bird

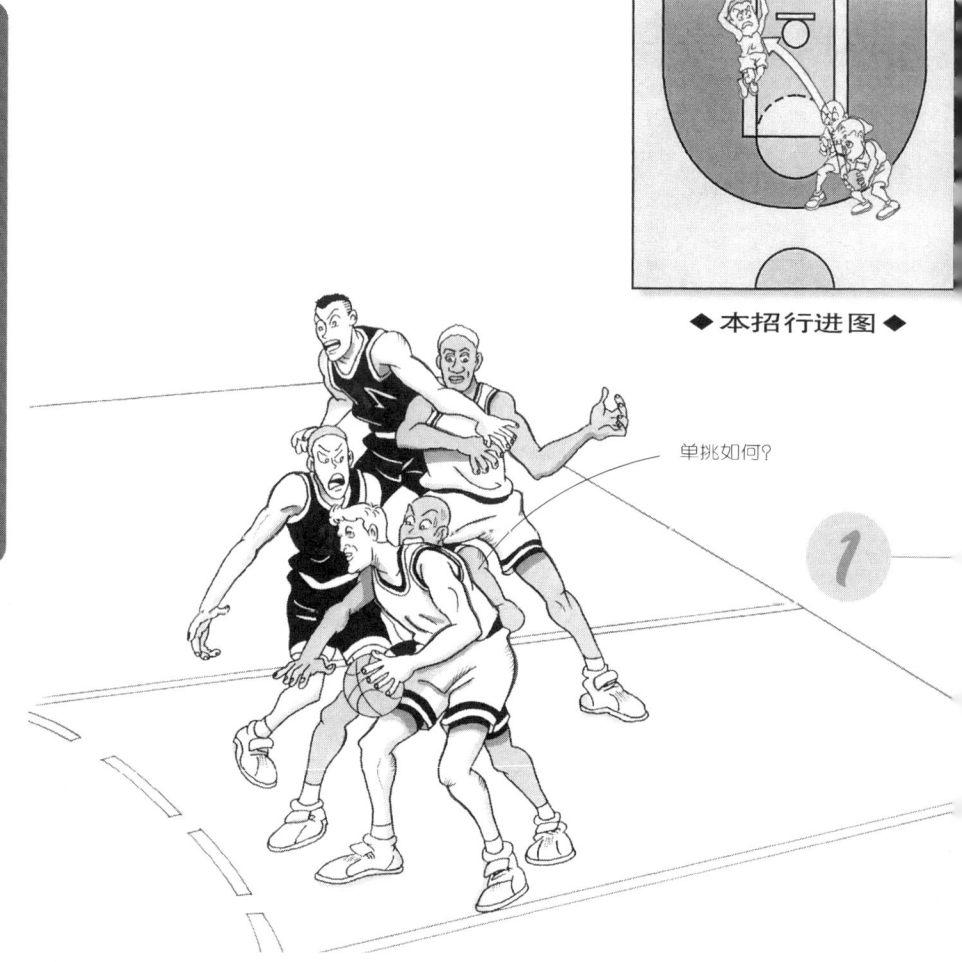

1

传球 PASS

教练通常让队里远投最准的人打小前锋位置，主要任务就是攻外线。"大鸟"伯德号称天下第一神投手，负责这不吃力又讨好的工作本是理所当然。

偏偏"大鸟"变本加厉，不安于室，不仅在远投赢得掌声，传球、助攻、篮板球他样样都要染指。看官需知，在80年代初，"大鸟"以2.05米的身高打小前锋位置，那已是让对手够呛了，经他如此一搞，有时真的弄不清楚，他到底是打前锋或是中锋，甚至是控球后卫位置。同时也让人们豁然开朗——原来小前锋是可以这样打的，于是世人封他为"全能球员"。

尤其"大鸟"的传球功夫，在80年代与传球大师"魔术师"约翰逊，堪称"东西双绝"，但风格迥异。

"魔术师"的传球风格，犹如一个表演家挤眉弄眼，看东传西，动作夸张，把你当成马戏团里的猴子耍得团团转，极具视觉享受。"大鸟"的传球风格，则以实用为原则，只要能达到助攻得分的目的，不管球是从背后飞出，还是从指尖轻拍弹出，各种招式令你出乎意料但绝不是乱搞，每一招式都有它的理论基础。这说来话长，在《3 on 3 斗牛秘笈》中，会详细介绍。

此"大鸟"的"懒牛伸腰"传球招式，犹如一头卧在池水里的大黄牛，对于在他背后又顶又推，如大苍蝇的搔扰，看似不理不睬，却突然牛腰一伸，双手一举，咻！只见球从头顶飞驰而过，直入敌方篮下的心脏地带，犹如懒牛耍尾，在大苍蝇还未反应过来之际打死在它的背上。

背对防守者，看意图似挤入限制区，施展单吃的转身动作。但他的眼睛余光，同时瞄向埋伏在篮下的队友。

这道余光向队友传达了一个信息：

"我做单吃动作，引诱敌队双人包夹，以制造你在篮下的空当机会，你就尽管跑到最佳的出手位置，球自然会送到你手上。"

懒牛伸腰　235

2

硬挤进来？用脚顶你！

哪来的蚊子，骚扰我的屁股。

当你与队友携手历经了多年的征战，彼此已建立起心领神会的默契，只要在刹那间使个眼色，队友就会明明白白你的心。

防守者只见"终结者"步步进逼，岂甘示弱，在他的背上又推又挤，但"终结者"兀自低头运球，心中却盘算着如图2箭头，两条传球路径。

3

我来帮忙围剿！

就是等着你来包夹，懒牛伸腰！

一见敌队果然使出双人包夹(Double Team)战术，全力防堵他的单吃，但这得冒着在别处出现空当的风险。机不可失，"终结者"立刻使出"懒牛伸腰"的传球妙招，一挺腰，双手举球倒勾，球往篮下飞进。

传球 PASS

队友在防守者分心补位之际，毫不客气，大方地杀入篮下，接获"终结者"适时而来的传球，轻松得两分。

对于整个球队来说，一位善于为队友制造空当，并适时适地传球助攻得分的球员，远比每场独得三十分的投手更重要。

来的正是时候！

这两分，功劳归你。

KEY POINT

"大鸟"伯德超凡的神投功夫，让他博得"三分宗师"的美誉，但他全方位的攻守表现，才是他带领波士顿绿衫军，建立80年代"凯尔特人王朝"的真正主因。

Larry Bird

懒牛伸腰 237

第 49 招 韩信穿膝

大鸟 / 拉里·伯德（Larry bird）

本招使用关键：学会"地下传球"即行

难易度：初学级 班队级 校队级 国手级 乔丹级

1

"终结者"在三分线外运球，防他的人张牙舞爪，近身防守，队友见状，欲上前为他做掩护。

◆ 本招行进图 ◆

挡了就切吧！

我来帮你单挡。

238　韩信穿膝

传球 PASS

虽然伯德身拥三分神投无敌功,但他的篮球信念却是:"把球传给离篮筐最近的球员投篮出手,是球赛制胜的不二法门。"

这就如一个常常被街头小混混欺负的楞小子,急欲拜师学得中国功夫来报仇,可是当他真正学得少林祖师达摩的武学精髓时,也同时领悟到不能轻易施展功夫对付敌人的道理,除非情况已到了不施展功夫就不能解决问题的地步。

伯德每一次在他的"大鸟特区"出手,一定是队友在篮下没有更好的机会,或一定要以他的三分神功才足以击溃敌队的士气,才能转败为胜,否则他是不轻易在三分线外乱放空炮弹的。

因为他珍惜己队的每一次进攻机会。

伯德依据的道理很简单:篮球规则是一得分就换队进攻,因此实际上每场比赛双方的进攻次数大致相同,所以投篮命中率高的球队往往就是获胜的球队,而距离篮筐越近,就越容易把球投入篮内,这大概没有人反对吧?

2 收球摆出要投篮的姿势,同时队友往篮下空切。

大腿张这么大?

韩信穿膝

就来一招"韩信穿膝"吧!

"终结者"选择"韩信穿膝",向防守者双腿间的正下方地上、队友切入方向的前两步位置传反弹球,让队友能在接球的同时,第一时间做出上篮动作。

这……有这种传球法?

管用第一,就别太计较其他了……

传球 PASS

但这时,"终结者"常规的传球角度完全被对方封死,只有两种传球方式可把球传到队友切入的位置上:
一是高吊传球(Overhead Pass),球从防守者头上吊过,但高吊传球的缺点是球在空中弧度较高,速度较慢,敌队很容易利用这段时间进行补位防守。
二是本招"韩信穿膝",从对方张开的双脚间,传反弹球(Boune Pass)。

KEY POINT

伯德的"韩信穿膝"传球招式,就是依照他打球的信念,虽然队友上前帮他做了掩护,以让他施展拿手的三分绝招,但当他发现队友做出pick and roll(挡人后,即往篮下空当切),在他已无传球角度时,往防守者的双脚间,做出击地反弹传球。

好一个妙传!

"终结者"的三分球命中率顶多五成,但他这传球让己队百分之百得分,有时甚至还可赚到犯规加罚一球的大便宜。
所以伯德才说:"一个绝妙的传球,跟投中二分的价值相等。"

而"韩信穿膝"最大的优点是当对方高举双手、大张双脚,犹如在你面前撒开一张大网,状似完全封住你的传球路线时,球却如老鼠般,破网而出,出奇制胜。

Larry Bird

韩信穿膝 241

版 权 声 明

书名：達摩籃球秘笈③蝴蝶穿花

作者：林維（肯特）

Copyright©1998 Kent Lin

北京市版权局著作权合同登记号 图字:01-2023-4613号

图书在版编目（CIP）数据

达摩篮球秘笈：NBA顶尖高手绝招探秘 / 肯特著；郑旭宏绘. -- 北京：人民体育出版社，2003(2023.11重印)
ISBN 978-7-5009-2384-8

Ⅰ.①达… Ⅱ.①肯… ②郑… Ⅲ.①篮球运动—运动训练 Ⅳ.①G841.2

中国国家版本馆CIP数据核字(2023)第065163号

*

人民体育出版社出版发行
北京盛通印刷股份有限公司印刷
新 华 书 店 经 销

*

880×1230　32开本　7.625印张　270千字
2003年5月第1版　2023年11月第14次印刷
印数：73,191—73,990册

*

ISBN 978-7-5009-2384-8
定价：35.00元

社址：北京市东城区体育馆路8号（天坛公园东门）
电话：67151482（发行部）　　　邮编：100061
传真：67151483　　　　　　　　邮购：67118491
网址：www.psphpress.com
（购买本社图书，如遇有缺损页可与邮购部联系）